《艺术之约》编委会

《艺术之约》（音乐卷）

主　编／音　渭　景作人

艺术之约

Schubert

舒伯特

刘一豪 音渭 编著

山西出版传媒集团
山西教育出版社

图书在版编目（CIP）数据

舒伯特 / 音渭，景作人主编；刘一豪，音渭编著. -- 太原 :山西教育出版社, 2015.9

（艺术之约）

ISBN 978-7-5440-5702-8

Ⅰ. ①舒… Ⅱ. ①音… ②景… ③刘… ④音… Ⅲ. ①舒伯特，F.P.（1797-1828）- 传记 Ⅳ. ①K835.215.76

中国版本图书馆CIP数据核字(2015)第054124号

艺术之约 · 舒伯特

（YISHU ZHI YUE SHUBOTE）

音渭、景作人　主编　刘一豪、音渭　编著

出 品 人　雷俊林

策 划 人　孙　轶　魏雪萍

责任编辑　许亚星

装帧设计　王春声

出版发行　山西出版传媒集团 · 山西教育出版社

（地址：太原市水西门街馒头巷7号　电话：0351-4729801　邮编：030002）

印　　装　山西臣功印刷包装有限公司

开　　本　889×1194　1/32

印　　张　6.875

字　　数　105千字

版　　次　2015年9月第1版　　2015年9月山西第1次印刷

书　　号　ISBN 978-7-5440-5702-8

定　　价　28.90元

来赴一场艺术之约

（代序）

每个人都与艺术有缘。

不管你是否懂音乐，总会有一些动人的旋律在你人生经历的各个场合一次次响起，种进你的心里。

不管你是否爱音乐，总会有一些耳熟能详的名字被一次次提起，深深刻在你的脑海里，构成你的基本常识。

总有一次次的邂逅，你愕然发现某一段熟悉的旋律是来自某一位音乐巨匠的某一首经典名曲，恰如卯榫，完成了超越时空的契合。

永恒的作品，永恒的作者，是伴随我们的文明之路一直前行的。而这套书，便是一封跨越世纪的邀请函，翻开它，来赴一场艺术之约。

它讲的是音乐家的人生，同时用人生的河流串起每一处绝妙的风景，即音乐家们的作品。他们的生命从哪里开始，他们有怎样的家庭、怎样的童年、怎样的爱情、怎样的病痛，又怎样成长、怎样探索、怎样谋生，那些伟大的作品又是在什么情况下诞生……你会在这里一一找到答案。

他们其实不是艺术圣坛上那一张用来膜拜的画像，而是跟我们每个人一样，有血有肉，有哀有乐。巴赫一生与两位妻子结婚，生有20个子女，但只有10个成活；天才的莫扎特只有短短35年的人生，而舒伯特更短，只有31年；瓦格纳娶了李斯特的女儿；勃拉姆斯是舒曼的学生；贝多芬中年失聪；舒曼饱受精神病的折磨……每一首曲子，都不再是唱片上的音符，而是与鲜活的生命相联系。你从未如此真切地感受那些乐曲是由怎样的双手来谱写和演奏的。

当这许多位音乐家汇集到一起，便串起了一部音乐史，他们是音乐史的链条上最璀璨的珍珠。每一位艺术家都不是孤立的，而是互相呼应，他们是自己的传主，同时又是其他传主的背景。有时，几位名家同时出现或前后承接，你会发现他们在时间和空间上竟如此相近，你仿佛来到了19世纪维也纳的鼎盛时期，教堂的管风琴、酒馆的乐队、音乐厅的歌剧、贵族城堡的沙龙，处处有音乐缭绕。你与他们擦肩而过，他们正在去宫廷演奏的路上，正在教堂指挥着唱诗班，正在学院与其他派别争论。

你的音乐素养不再停留在几段旋律、几个名字上，你与艺术的联系更加紧密。你会在一场音乐会上等待最精彩的乐章，你会在子女接受音乐教育时找出最经典的练习曲，你会在某个地方旅行时说出哪位音乐家曾与你走过同一段路。

更重要的——你会更加深刻地感受到艺术的美好，享受精神的盛宴。贝多芬的《命运交响曲》，那雷霆万钧的激昂力量；舒伯特的《小夜曲》，那如银河繁星般浪漫的梦境；瓦格纳的《婚礼进行曲》，那如天宫圣殿般的纯洁神圣；柴可夫斯基的《第一交响曲》，那如海上旭日般的华美绚烂……

林　锜

2015 年 6 月于北京

目　录

第1章：琴声相伴的童年

舒伯特一家

1770年到1830年是音乐之都——维也纳最伟大的历史时期，这个连空气中都饱含音乐分子的城市，简直可以与伯利克里时代的雅典、伊丽莎白时代的英国相媲美。著名的音乐家舒曼生动地描述了当时的维也纳：

有着斯蒂芬大教堂和美貌淑女的光彩焕发的维也纳，静卧在鲜花盛开的溪谷之中。多瑙河的无数银带回绕其间，倾斜的谷坡缓缓向上铺展，伸入愈来愈高

有着 800 多年历史的斯蒂芬大教堂是维也纳的标志性建筑，也是全世界最著名的哥特式教堂之一

的崇山峻岭。啊！维也纳，有多少伟大的德国音乐巨匠的珍闻逸事萦绕着这个城市，它真是一块培育音乐家思想的肥沃土壤啊！往往我从高山上眺望这个城市，就想象到贝多芬怎样凝眸注视着遥远的阿尔卑斯山脉，莫扎特又怎样富于幻想地目送着多瑙河往天际流逝。浩荡的河水，在苍翠的树丛和密柳之间时隐时现。我也想象到，年老的海顿怎样伫立在斯蒂芬塔前，为这使人目移神夺的巍峨建筑而摇头赞叹。多瑙河、斯蒂芬大教堂、远方的阿尔卑斯山——这一切都消融在天主教氤氲的轻烟淡雾之中，这就是维也纳的图景。眼底展开的这令人迷醉的风景扣动了我们从未发响的心弦，使其发出美妙的音响。每当聆听舒伯特的生气盎然、富于明快的浪漫情调的交响曲时，这座城市就比任何时候都更清晰地浮现在我眼前，我也就完全明白，正是在这个地方，才能够产生如此美妙的作品。

维也纳音乐的黄金时代的荣光，得益于外来的天才。不要说格鲁克、海顿、莫扎特、贝多芬等耳熟能详的大师，更不要说萨利埃里、吉罗维茨、洪梅尔等不太耀眼的明星，他们都聚集到了奥地利帝国首都这一著名的音乐之城。这个城市无论过去还是现在，对外来人口都有特别的吸引力。

这一时期的大作曲家中，只有舒伯特出生于维也纳。

1797 年 1 月 31 日，一个晴朗温暖的冬日下午，弗朗茨·彼得·舒伯特出生在维也纳市郊一间拥挤吵闹的公寓里。不过，舒伯特的父母并不是土生土长的维也纳人，他们都是外来人员。舒伯特的父亲弗朗茨·西奥多尔（1763—1830）来自土地肥沃的莫拉维亚农村，母亲伊丽莎白·维兹（1756—1812）则是贫瘠多山的西里西亚一位锁匠的女儿。他们在维也纳相识，并于 1785 年结婚。结婚的时候，舒伯特的父亲 22 岁，几乎比他已经怀孕的新娘小 7 岁，不过年龄的差距并没有阻挡二人的幸福生活。在以后的 30 年中，辛勤不懈的弗朗茨·西奥多尔成为一名受人尊重的教师，在维也纳享有很高的声誉，而他勤劳的妻子伊丽莎白则负责家庭日常事务。作为妻子，伊丽莎白是幸福的，而作为母亲，却是痛苦的。伊丽莎白在 15 年的时间里生了 14 个孩子，由于疾病和营养不良，其中 9 个孩子先后夭折，最终只有 5 个孩子长大成人，他们分别是：

弗朗茨·伊格纳茨（1785 年 3 月 8 日—1844 年 11 月 20 日）

斐迪南·卢卡斯（1794 年 10 月 18 日—1859 年 2 月 26 日）

弗朗茨·卡尔（1795 年 11 月 5 日—1855 年 3 月20 日）

弗朗茨·彼得·舒伯特（1797 年 1 月 31 日—1828 年 11 月 19 日）

玛利亚·特蕾莎（1801 年 9 月 17 日—1878 年 8 月 7 日）

在众多孩子中，舒伯特是 14 个孩子中的第 12 个，在活下来的孩子中排行第四，遗憾的是舒伯特是五兄妹中去世最早的，只活了短短 31 年。弗朗茨一家人先是住在一个叫“红蟹公寓”的地方，舒伯特即出生在这里。现在这栋房子依然保存着，里面共有 16 套房间，舒伯特一家租用其中的两套。当时他们住在一楼，舒伯特就出生在一楼的一个房间中。为了维持一家人的生计，西奥多尔创办了一所小学。他显然是一个很有办法的教师，因为学生越来越多，他不得不把他们分成两拨，每拨 100 人，轮流上课。凭借长期辛勤的劳动，在舒伯特 4 岁的时候，西奥多尔在附近买了一栋名为“黑马”的公寓，全家人都搬进了这栋独立的小房子。这里不仅是一家人的住所，也是学校的所在地。房子外观很朴素，前面有一个可爱的小院子，种满了花草和槭树，站在院子里可以望见附近十二使徒教堂的两座钟塔。幼小的舒伯特经常一个人在院子里玩耍，听着教堂的

位于维也纳第九区的舒伯特出生的公寓，现为舒伯特纪念馆

钟声、正屋传来的朗朗书声，看着天边懒洋洋漂浮的白云，默默出神。

老西奥多尔认定教书是一个衣食无忧的职业，他给孩子们全安排了这条路，等他们一长大，就立刻让他们帮着教课。小舒伯特也不例外，如果不是早早就显露出了非凡的音乐天赋，我们的小舒伯特将会成为一名衣食无忧的教师，世界上将少了一位天才的音乐家。事实上，舒伯特的大哥伊格纳茨就继承了父亲的职业。伊格纳茨是西奥多尔的长子，不幸的是他是个驼背。中学毕业之后，伊格纳茨就做了父亲的助手，后来父亲在1830年去世之后，他接管了学校。从舒伯特的书信可以看出，他和伊格纳茨的关系非常亲近，因为伊格纳茨与舒伯特非常相似，也是个自由思想者，常常反抗他们严厉、虔诚、爱国、顽固的父亲。在所有兄弟中，斐迪南似乎和舒伯特最亲密。斐迪南是家里的第二个儿子，但却是年青一代的领袖。他酷爱音乐，是一个优秀的音乐家和熟练的作曲家，不过他没有自由发展自己的兴趣爱好，而是和大哥一样继承了父亲的职业。1810年，他开始在父亲的学校中教课，在担任了多种职务之后，他后来在安娜街的帝国皇家培训学校教课，并最终成为该校的校长。19世纪20年代中期是舒伯特十分艰难的时期，他给斐迪南写了一封信，信中提到了他们彼此怀有的强烈感情："你，只有你，是我最真挚的朋友，每根神经都跟我的灵魂牵绕在一起。"在舒伯特生命的最后几个星期中，斐迪南一直陪伴在他身边，悉心照料，让舒伯特顺利走完人生的路程。卡尔是舒伯特的三哥，他是一位优秀的画家，只比舒伯特大15个月。目前，人们对卡尔的了解很少，他和舒伯特之间没有留下书信。不过，卡尔却是舒伯特生活和艺术上的"孪生兄弟"。从目前的材料可知，舒伯特在1828年接触了格拉茨（奥地利东南部城市）

的一些有影响的朋友，请他们支持卡尔在那里从事绘画教学方面的工作。

在五兄妹中，玛利亚·特蕾莎是寿命最长的一位，她去世时已经将近80岁了。在当时的社会，妇女是没有什么就业背景的，所以关于舒伯特的妹妹玛利亚·特蕾莎，我们知之甚少，只有关于她生孩子的一点资料。1824年，斐迪南在给舒伯特的信中写道：

> 卡尔兄弟生了一个小斐迪南，我是那孩子的教父，他还活着。蕾西（玛利亚·特蕾莎的昵称）虽然生了一个强壮、健康的女孩，却没有能享受多久快乐，因为孩子只活了12天或14天。对头胎婴儿的死的悲痛，使蕾西几近疯狂，以致卧床数周。幸运的是，她如今已度过了令人焦虑的危险期，似乎已经认命了。

从舒伯特的家族情况来看，他并没有显赫的身世，也没有世代从事音乐事业的背景。同其他奥地利伟人——如海顿、莫扎特一样，舒伯特的一生是简单而平凡的。从表面上看，他的生活并没有什么与众不同，几乎同普通人的日常生活一样。舒伯特的第一部传记在他死后几乎40年才出现。40年的间隔，对19世纪的任何其他主要作曲家来说都显得十分漫长。之所以出现这样的情况，无疑主要是因为舒伯特非同寻常的生平及身后的事迹，尤其是因为他的许多杰作直到他死后才被发现。另外一个重要原因就是“舒伯特的社会生活和他的艺术之间，没有什么关联，他可能是唯一一位这样的伟大艺术家。他的生平如此简单、平淡，跟他创作出来的天才作品毫不相称”。所以，有人说：“舒伯特的音乐是出类拔萃的，他的生活则是平淡无奇的。”

确实如此，舒伯特一生贫困，除了作曲没有什么值得一提的事情，但是他丰富的情感和思想，还有他的内心生活，却流露出别具一格的精彩。他的心灵里蕴藏着怎样的向往、渴望与创作的欢愉啊！他的一生又是如何地充满艺术功绩，充满喜悦、欢乐与最深沉的悲哀啊！这是尘世的快感与天堂的欢乐融合于一体的一生。他的一生就是他的艺术，他的艺术就是他的一生。如果我们看一看他的童年，就会发现：他的生命本身就是一种不间断的音符的表述，是一连串不停地插上幻想羽翼并借助超自然之力而飞翔的梦幻与创作。音乐史上与之类似的情形恐怕也只有一个莫扎特了。

舒伯特是为音乐而生，他周围以及内心的一切，除了音乐还是音乐。

少年天才

舒伯特不像巴赫、莫扎特、贝多芬那样出身于音乐世家，但他的最初的音乐经历也是在家庭里，在亲密的气氛中得到的。舒伯特一家都酷爱音乐，老西奥多尔多才多艺，是舒伯特兄妹的音乐启蒙教师，他把全家变成了家庭乐队。年幼的舒伯特很早就显示出了在音乐方面的天才。据他父亲后来回忆说，舒伯特 8 岁的时候，父亲“教他小提琴演奏的基础知识，训练他，直到他能相当熟练地演奏轻松的二重奏”。后来小舒伯特又跟比自己大十几岁的哥哥伊格纳茨学习钢琴，在教了自己的弟弟几个月之后，伊格纳茨吃惊地发现，小舒伯特“向我宣布，他已经不需要我的进一步教导了，他现在希望自己学习”。舒伯特的音乐才华令全家人为之惊叹。在例行的“家庭四重奏”中，父亲拉大提琴，二哥斐迪南拉首席小提琴，大哥伊格纳茨拉第二小提琴，小舒伯特拉中音提琴。老西奥多尔总是出错，每次都是小舒伯特第一个发现问题，立即嚷道："爸爸，拉错啦，拉错啦！"小舒伯特很快就超过了他的父亲和哥哥们，但他仍然和他们一起演奏，这对他作曲才能的发展有很大的影响。19 世纪最初 10 年，舒伯特的 20 多首弦乐四重奏中，有大约一半就是为这个家庭音乐会谱写的。

老西奥多尔很快意识到，他聪慧的儿子需要专业的音乐教育，于是向霍尔泽求助，请他教舒伯特歌唱、风琴和音乐理论方面的知识。霍尔泽是当地教区利西坦塔尔教堂的合唱队领队和风琴师，其音乐造诣远远高于老西奥多尔，更不用说伊格纳茨了。然而，小舒伯特的音乐天才同样令霍尔泽吃惊，甚至让他激动得热泪盈眶。他从来没有遇到过这么好的学生，在他看来小舒伯特的指头上就有对位法，据说他曾说过："每当我想教他（舒伯特）点新东西时，他都好像已经知道了。"我们不知道这是否是霍尔泽亲口说的，但人们却不断重复它，以证明舒伯特的天赋。事实正是如此，1804 年 7 岁的舒伯特接受了皇家宫廷乐长，也是当时的音乐权威安东尼·萨利埃里的考试，成为最有潜力为宫廷教堂唱歌的孩子之一。

1858 年，舒伯特的幼时好友施鲍恩讲述了舒伯特在上学期间得到的一条评语。老师文采尔·卢齐卡在只上了两节课后，就评论道："我什么也教不了他，他已经从上帝那里学会了。"这些毫不吝啬的赞赏语言，在证明了舒伯特的天赋的同时，也多少冲淡了他的实际训练程度，以及他对实际音乐模拟的依赖程度。我们都听说过《伤仲永》的故事，可见即使再好的天资条件，如果没有勤奋刻苦的努力，都不会作出一番成就，更不会成为流传千古的历史名人。事实上，舒伯特在教堂中接触到了很多伟大的音乐，还有机会参加比家庭更高层次的演出，这些可能比霍尔泽在唱歌、风琴、理论方面的指导更为重要。在霍尔泽任职的教堂里，至今仍然保留着 18 世纪末和 19 世纪初的莫扎特、海顿以及一些小作曲家写的宗教音乐和室内乐的乐稿，它们对舒伯特初萌的天才必定有重要的启示作用。

1808 年，当舒伯特 11 岁的时候，命运的第一个转折点到来了。这一年 8 月，帝国和皇家神学附属的教堂合唱团在《维也纳报》上宣布举办一场竞赛，以填补皇家宫廷教堂的三个儿童男高音空缺。被录取者可以免费获得在维也纳最好的小学——神学院附属小学学习的机会，而且将来如果嗓子变了，不能唱诗了，只要操行和成绩不错，也可以继续拿到奖学金读到毕业。这对贫寒的舒伯特一家来

《舒伯特弦乐四重奏》CD 封面

说具有很大吸引力，老西奥多尔决定亲自送小舒伯特去参加考试。在考场上，小舒伯特穿了一件淡白色的旧外套，个子又矮，夹在孩子们中间，显得非常土气。不少孩子笑话他，说他“一定是个磨坊主的儿子”（在奥地利，磨坊主通常总穿白色衣服）。但略显寒碜的着装掩盖不了小舒伯特耀眼的才华，主考官们没有在意他的衣服，而是被他清亮的童高音和出色的视唱能力深深吸引。毫无疑问，舒伯特赢得了主考官们的赞许，最终胜出。

这在当时可是不小的荣誉，这一方面是因为皇家宫廷乐队是维也纳最古老的音乐团体之一，在全球都享有崇高的声誉。早在马克西米连一世时代，它就开始从维也纳最好的音乐家中招募成员，以满足热爱艺术的皇家宫廷及其颇有艺术才华的摄政们的兴趣。另一方面是因为主考官之一安东尼·萨利埃里是当时赫赫有名的重量级人物。他在维也纳音乐界纵横40年，名重一时，但后人之所以记住他的名字并非因为他的作品，而是因为他曾出于嫉妒和莫扎特作对，并且教诲过海顿和莫扎特作曲。

于是，11岁的小舒伯特就这样第一次离开温暖的家，进入神学院附属小学寄宿读书，并在这里度过了五年的时光，这种经历对他以后的音乐训练有着极为重要的意义。

在这里，他学习拉丁文、数学、自然、物理、地理和历史，还有宗教启蒙。但对舒伯特来说，生活的核心仍然是音乐。音乐使他忘记了冰冷的围墙、森严的纪律、迫人的宗教气氛和艰苦的寄宿生活，把忧伤和寂寞变成了快乐。

小舒伯特每天都要在神学院的学生管弦乐队里拉第一小提琴，同时负责很多杂事，如给各种乐器调弦，按时点燃和吹熄牛油蜡烛，分发乐谱，把乐器和总谱摆放整齐。这些烦人的琐事，小舒伯特做起来却不慌不忙，井井有条。乐队的孩子们当中，有一种相当严肃认真、奋发向上的追求音乐的气氛。每天晚上，他们都要演奏一部交响乐或者一两首序曲。年复一年，舒伯特就这样熟悉了海顿和莫扎特的所有交响曲，贝多芬的第一和第二交响曲，以及当时孩子们能找到的所有序曲，还有海顿和莫扎特的大部分弦乐四重奏。当然，他们用的都是很糟糕的乐器，对乐曲的演绎也相当粗糙，显然没有达到精湛的水平。但是，谁又能求全责备，过分要求一群可爱的孩子们呢？因此，他们从来不缺听众。冬天，这些练习音乐会全部在室内进行，到了夏天当神学院的门窗向外面敞开时，年轻的乐师们就会吸引大量室外围观的观众。小舒伯特在神学院乐队中拉小提琴和中提琴，当乐队指挥缺席的时候，他甚至指挥过乐队。对他来说，无论是在乐队中演奏和指挥，还是在教堂唱诗班演唱，都是极其宝贵的音乐训练，使他能够熟悉每件乐器的不同声音和特征。

在每个星期天和圣徒日，小舒伯特这位年轻的高音歌手都会身着宫廷教堂唱诗班的制服，登上施魏泽尔宫高高的台阶，在宫廷指挥家的指挥下引吭高歌。神学院和古老的宫廷乐队向这个感受力很强的孩子的心灵敞开了一个维也纳古典音乐的神圣世界。小舒伯特那时已经表现出卓越的审美能力，他厌恶当时流行的凡俗之作，对贝多芬、莫扎特的作品却一见钟情。每逢乐队演奏庸俗的交响乐，小舒伯特就很恼火，常常一边演奏，一边不耐烦地嘀咕："哦，多么沉闷！"可是，听着莫扎特的 g 小调交响曲，他却会热泪盈眶："我好像听到天使在里面唱歌！"

奥地利为舒伯特发行的特邮资片（1928 年）

永远的朋友

无论在神学院，还是在学校里，舒伯特和许多人建立了长久的友谊。他们有约瑟夫·施鲍恩、阿尔贝特·施塔德勒、约瑟夫·肯纳、约翰·米歇尔、安东·霍尔茨阿普费尔等，其中许多人对舒伯特今后的生活都起到了重要的作用。

舒伯特和朋友最常去的地方是神学院的音乐房，这里既是他们畅游音乐世界的大本营，也是见证他们友谊的地方。约瑟夫·肯纳是舒伯特的挚友之一，他曾经为舒伯特写过许多歌词，他在回忆录中说："晚饭后，自由活动的时候，施塔德勒、我和安东·霍尔茨阿普费尔就在这里练琴，独奏贝多芬或楚姆施蒂格的作品，同时所有的听众也都加入其中。这个房间冬天没有供暖设施，所以寒气逼人。施鲍恩时不时地来一次。在他离开这所学校后，舒伯特也开始常来这里。一般是施塔德勒弹钢琴，霍尔茨阿普费尔唱歌，舒伯特有时也坐在钢琴旁弹奏。”

在所有的朋友中，约瑟夫·施鲍恩（1786—1865）无疑是最重要的一个。他比舒伯特大11岁，当时正在神学院里学习法律。施鲍恩也非常喜欢音乐，尽管他的演奏水平不高，但依然在乐队中担任第二小提琴手，与舒伯特共用一个乐谱架。这是舒伯特第一次离开家，寄宿学校的生活对他来说非常陌生，这让他感到很孤单，一般不和其他人往来。不过，恰恰是音乐拉近了舒伯特和施鲍恩的距离。在一个寒冷的冬天，施鲍恩发现舒伯特独自待在音乐室里，弹着莫扎特的奏鸣曲，眼睛里闪着幻想的光芒。弹着弹着，他手底慢慢流露出陌生的、显然属于舒伯特自己的旋律。

“弗朗茨，弹一支你自己作的曲子吧！”

舒伯特一下子惊醒了，圆脸涨得通红，非常窘迫，不知道说什么好：“不，你会笑话我的。”

“怎么，我们不是朋友吗？我怎么可能笑话自己的朋友呢？”施鲍恩大声说。

舒伯特同意了，又兴奋又不好意思，开始弹奏一支他自己创作的小步舞曲。最初几个触键胆怯而慌张，可是几个小节之后，他便忘记了施鲍恩在场，音乐变得流畅而自然，欢快的音符一个接一个从琴键上跳出来。施鲍恩被迷住了，不停地赞扬，舒伯特高兴得满脸通红。这是两个朋友真正订交、推心置腹的开始。舒伯特告诉施鲍恩，他经常偷偷把心中所感写成音乐，就像写日记一样。但他得严严实实地瞒着父亲，因为父亲希望舒伯特能成为一名教师，而不是音乐家，因而坚决反对他从事音乐工作。施鲍恩在回忆录中写道："我一下子就发觉他的节奏感远远超过我，因此被他深深吸引。他是一个外表沉静、严肃、不大与人交往的男孩子，但却将活泼的一面完全倾注到美妙的音乐之中。"

舒伯特在这间没有火炉、冬日寒冷刺骨的音乐房里为施鲍恩弹奏自己最初尝试的作品，并吐露了他早熟的孩童心里所有的情绪和感触，从此他们形影不离，成为最要好的朋友。他们经常一起去卡恩特内托剧院，坐在票价最便宜的最高座，满怀激情地倾听魏格尔的《瑞士人之家》、格鲁克的《伊菲姬尼在奥利德》、凯鲁比尼的《美狄亚》和莫扎特的《魔笛》，并经常谈论其中的演员。和施鲍恩在一起的日子是开心快乐的，不过令舒伯特感到伤心的是，施鲍恩在完成神学院的学业后就离开了维也纳，直到 1811 年因在政府中就职而回归故里。友情的纽带在断了两年之后终于又连接到一

画家莫里茨·冯·施温持未完成的油画作品《约瑟夫·施鲍恩家的舒伯特之夜》，坐于正在演奏的舒伯特一侧的就是施鲍恩

起，从此再也没有隔断过。下面再让我们看一看施鲍恩眼中两年后的舒伯特：

> 我发现我这位年轻的朋友，长大了一些，情况也不错。他早已坐到了首席小提琴的位置上，并在乐队中赢得了大家的友爱和尊重。舒伯特告诉我，他已经写了许多作品，有一部奏鸣曲，一部幻想曲，一部小歌剧，现在正打算写一首弥撒曲，但必须克服的首要困难是他没有五线谱纸。因为他没有钱去买，所以不得不用普通的纸进行创作，而即便是普通纸张，他也经常无力支付。我悄悄买了一些五线谱纸给他，而他很快就用了大量的纸张，他以超乎寻常的速度作曲。

可见，年仅 13 岁的小舒伯特就已经尝到了贫穷的滋味，他常常叹息：“假如有足够的纸，可以天天作曲，该有多好啊！”

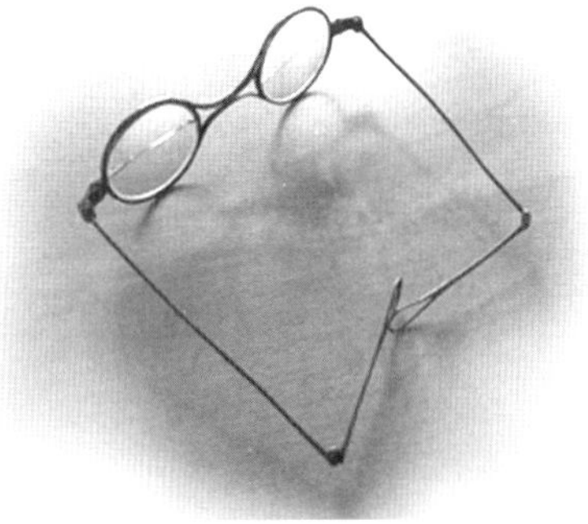

舒伯特纪念馆
展出的舒伯特
用过的眼镜

舒伯特纪念馆
展出的舒伯特
作品手稿

最早的作品

现在，我们无从考察舒伯特从哪一年开始尝试作曲，但可以肯定的是不会超过13岁。据舒伯特的哥哥斐迪南回忆，他弟弟最早的钢琴作品是为钢琴二重奏创作的唱片狂想曲。13岁的作曲家明确写出了日期：1810年4月8日开始创作，5月1日完成。奥托·恩立希·多伊迟在他为舒伯特全部作品编的权威目录中，把这首作品定位为舒伯特的第一首作品。不过，在此之前，舒伯特显然还有其他作品问世，遗憾的是没有流传下来。之后，舒伯特又写过两个乐章的g小调弦乐四重奏草稿本、小喇叭和大鼓的序曲等。

在创作之初，舒伯特还没有摆脱模仿的痕迹。1811年3月，14岁的舒伯特写下了歌曲《夏甲的哀诉》。（夏甲是《圣经》中亚伯拉罕的妻子萨拉的侍女，后来被亚伯拉罕纳为侧室，为逃避萨拉的嫉妒而携子逃入沙漠。）这是舒伯特现存最早的歌曲，风格类似民谣，倾吐了一位母亲面对垂死的孩子的悲痛。在此之前，德国当时最有影响的歌曲作家约翰·淳斯第（1760—1802）曾为之谱曲，舒伯特的作品显然受到其影响。不过虽然有模仿的成分，却没有刻意雕饰的痕迹，这对一个 14 岁的孩子来说，无疑是一首大胆而成熟的作品。继《夏甲的哀诉》之后，他又为席勒的诗《少女的怨叹》、费弗的《弑父者》谱曲。1812 年初，舒伯特的作品大量增加，包括《境中骑士》三幕轻歌剧草稿、钢琴与管弦乐的序曲、小步舞曲、一首慈悲经，收入四重奏第五集的第一、二号两首弦乐四重奏以及 1923 年才公诸于世的 b 小调三重奏。

舒伯特的创作引起了萨利埃里的注意，并开始教舒伯特对位法。这在当时是很不寻常的事情，因为当时的萨利埃里已经享有乐坛泰斗的地位，不再给一般的神学院学生上课了。不过，据舒伯特的同学回忆，萨利埃里实际上也很少给舒伯特讲课，主要是为他批改创作练习。萨利埃里来自意大利，因此他非常希望舒伯特能够欣赏 18 世纪意大利的作曲家，并要求舒伯特不断做大量极其枯燥乏味的老式意大利总谱练习，但舒伯特显然并没有完全听从老师的教诲。他深爱受萨利埃里痛恨的莫扎特的作品，对充满英雄气息的贝多芬崇拜得五体投地，以后他又渐渐深入到格鲁克的作品中，经常连续几个小时弹奏格鲁克的音乐给他的同学听。据施鲍恩回忆，最终二人走入了死胡同，“舒伯特终于失去了耐心”。不过，舒伯特仍自豪地以萨利埃里的学生自居，在他年轻时最雄心勃勃的作品标题页上，经常醒目地宣布这一点。在他的三幕歌剧《魔鬼的欢乐宫》的封面上，舒伯特称自己是“维也纳皇家宫廷第一乐长萨利埃里先生的学生”。事实上也是如此，尽管舒伯特同萨利埃里存在分歧，但始终受到他的教导，正是在萨利埃里的监督下，舒伯特把《魔鬼的欢乐宫》修改了两遍，并最终成为现在的样子。

这些学生时代的作品，深深受到当时成名大作家对他的影响，特别是舒伯特钟爱的海顿和莫扎特。不过，当时还没有达到艺术顶峰时期的贝多芬也在他的作品中留下痕迹，像贝多芬一样，舒伯特也常用突破常规的转调或和声进行各种尝试。作曲的小溪一旦开始了涓涓细流，便一发不可收拾，最终汇成了滔滔江河。据统计，舒伯特一生共创作了998部作品，是他生命长度的32倍。其中包括9部交响曲、22部钢琴奏鸣曲、近20部音乐戏剧作品、6首乐队序曲、众多乐器合奏曲、无数钢琴小品集、6 首弥撒曲、20 多首宗教歌曲、近 100 首合唱曲、600 多首歌曲。他的作品全集于 1885 年开始出版，直到 1897 年，也就是他 100 周年诞辰的时候，才最后出齐，皇皇四十巨册。

舒伯特的作品有一大特色，就是他几乎把每部作品上都清楚地标上日期。众所周知，舒伯特的书信或其他文字保留下来的很少，甚至他母亲逝世这样的大事，他都没有留下文字。1812 年，舒伯特的母亲因病去世，这给舒伯特带来了永远的痛，从他在 10 年后写的《我的梦》中我们可以看到舒伯特的内心创伤：

> 我有很多兄弟姐妹，我们的父母都是好人。我深深地爱着他们。有一次我父亲带我们去赴宴，我的兄弟们在那儿很快活，我却很难受。我父亲走到我身边，让我享受美味的菜肴。但我吃不下，我父亲生了气，命我滚开，不要让他看见。我走开了。我满心爱着那些鄙视我的爱的人，流浪到遥远的国度。有多年时间，我觉得在极端的悲伤和极端的爱之间辗转。这时传来了我母亲的死讯。我急切地去看她，我父亲因悲伤而不那么生气了，没有阻挡我。然后，我看到了她的遗体，泪流满面……

一般认为，《我的梦》是寓言故事，叙述了一位母亲的死和父子的冲突。虽然这不能完全看作舒伯特的自传，但人们可以感觉出其中隐含的深深的悲痛。

因此，舒伯特关于作品日期的记载无疑是我们认识和了解这位音乐天才最直接的方式之一。舒伯特完全把音乐融入了生活，把情感注入了音乐，听他的音乐就像和他面对面交谈一样，亲切而美好。可以毫不夸张地说，通过他的音乐，我们能够比较清晰地观察到他的成长和变化。舒曼在阅读舒伯特时，准确地发现了这一点，并作出了如下的评价："别人用日记来记录他们每时每刻的情感，而舒伯特则把自己的全部情绪都交托给了乐稿。别人用文字，他那完全属于音乐的灵魂则用音符。"

把生活融入音乐，把生命献给音乐，这就是天才音乐家舒伯特人生的坐标。

第2章 献身音乐

辍学回家

一个人的精力和时间是有限的，如果在一方面投入的过多，在其他方面就会遇到麻烦。我们的小舒伯特也是如此，尽管他拥有超出常人的音乐天赋。由于完全沉溺于他的音乐梦想之中，舒伯特比任何时候都更加忽略他在学校的学习，自然就荒废了学业。

事实上，在刚进入学校的时候，舒伯特的成绩非常好，经常受到老师的表扬。但是，到四五年级时，成绩却直线下降，父子之间为此产生了尖锐的冲突。当了一辈子小学校长的老西奥多尔是个保守、严谨的人，为人古板但热爱子女。他虽然为儿子有超人的音乐天赋而自豪，但更希望儿子能接受完整的学校教育，并最终从事教师职业，过上衣食无忧的生活。看看当时众多著名音乐家的命运，就知道父亲的观点并非没有道理。在当时，与音乐家相比，教师简直称得上是高级白领。有人曾经说过这样的话："如果说教书让人死气沉沉地活着，那么搞音乐却会让人生机勃勃地死去。"

小舒伯特知道父亲是为了自己的生计着想，要谋生只有接受父亲的安排，但是音乐已经摄去了他的三魂六魄，失去音乐就像失去生命一样，他宁愿生机勃勃地死去，也不愿死气沉沉地活着。于是，他顺从了内心的召唤，仍然把大多数时间用在音乐上，非但没有去学那些拉丁文词汇和数学题，反而在施鲍恩给他带来的大量五线谱上写满了音符。他的父亲被彻底激怒了，禁止他再踏进家门，希望这种严厉的惩罚能让儿子回心转意，但这一切显然是徒劳。父子两人经常为此吵得不可开交，关系越来越紧张，几乎到了决裂的地步。

这些事情发生在母亲去世以前。1812 年 5 月，舒伯特的母亲伊丽莎白被伤寒夺去了生命，这时舒伯特只有 15 岁。母亲的死对老西奥多尔和年幼的舒伯特都是非常沉重的打击，他们最终在她的坟前达成了和解，彼此都谅解了对方。母亲去世不久，舒伯特的嗓子开始变声，不能再在合唱团唱歌了。有趣的是，舒伯特的变声被记录在彼得·温特的《C大调弥撒曲》乐谱的高音部分，其中舒伯特写道：“弗朗茨·舒伯特，最后一次乱唱，1812年7月26日。”通过这条宝贵的记录，我们知道了舒伯特变声的具体时间。按照当初舒伯特考试进入唱诗班的协议，舒伯特仍然可以申请奖学金，以便继续在神学院普通中学学习。他已经完成了小学的教育，再接受两年更高等级的教育之后，就可以进入大学学习——这正是老西奥多尔的愿望。但是，舒伯特自己也特别高兴，因为他现在有更多的时间和机会练习作曲了。1812年11月24日，他曾给哥哥斐迪南写过一封要钱的信，从中我们可以窥见舒伯特在寄宿学校中的生活：

> 让我把心中的烦恼索性直说了吧……我对自己的处境考虑了很久，发现虽然从总体上说还叫人满意，但好些地方得有点改变才行。你知道我们偶尔喜欢吃片蛋卷或几个苹果，尤其是在我吃完一顿简陋的午餐后，一连八个半小时里都得不到一顿可怜的晚饭吃……爸爸给我的那一两个钱没几天就花光了，剩下

的日子我该怎么打发呢?《圣经·马太》第3章第4节上说:“信任你的人将不会受到羞辱”,我也是这么想——你能不能每个月给我几个克鲁泽?对你来说,这是无所谓的,而我将感到十分幸运而知足。我刚才说过,我相信使徒马太的话,“有两件外套的人,让他送一件给穷人”……爱你的、贫穷的、满怀希望的、可怜的弟弟弗朗茨。

从这封信中,我们了解到舒伯特在寄宿学校的艰苦清贫的生活,更看到了他与哥哥的亲密无间的感情。让人忍俊不禁的是,为了确保哥哥能资助他一些钱,他引用了《圣经》中的语言,希望哥哥能认真对待他的请求。

到了1813年,舒伯特的艺术天才已经是尽人皆知的事情,但他的学习成绩越来越糟糕,尤其是数学更是一塌糊涂。这一年奥地利国王弗兰兹一世签署了一份文件警告舒伯特:“歌唱和音乐只是一门副科,学习勤奋和品行才具有头等的重要性,而且对所有希望享受奖学金优待的人来说,是不可推卸的责任。”这类似于最后通牒。舒伯特是靠奖学金付学费的,没有奖学金他就不可能继续待在神学院。如果他想获得奖学金,想继续在神学院读书,就必须改掉这个毛病。但是,事实上舒伯特不仅无法放弃音乐,而且已经把所有时间都用于音乐创作了。父亲的斥责、学校的警告，统统无济于事，他经常不分白天黑夜地构思，上课时眼望着窗外遐想。他创作的速度越来越快，成绩却无可挽回地越来越差。1813 年 11 月，由于过于热爱音乐，还不到 17 岁的舒伯特离开了学习和生活了五年的寄宿学校，回到了父亲的家中。

舒伯特重新回到了家中，只是慈祥的母亲已经离开了人世，取而代之的是一位年轻的继母。原来，母亲去世不到一年，舒伯特的父亲就再婚了，娶了一位富有的丝绸商人的女儿。在随后的 13 年中，她给老西奥多尔生了 5 个孩子，其中夭折了 1 个。继母比舒伯特大 14 岁，从舒伯特的书信来看，他和年轻的继母以及 4 个弟妹的关系很和睦。多亏了她的从中调和，父子间的紧张关系才有所缓和。原来，虽然与儿子达成了和解，但当得知舒伯特准备完全投入音乐，从事作曲时，老西奥多尔坚决反对。看来，他让小舒伯特当一名教师的决心从来都没有动摇过。为了生存，年轻的舒伯特只好暂时听从了父亲的安排，进入了位于安娜街的皇家高等学校学习。这是一所专门培养教师的学校，每周舒伯特都和他的哥哥卡尔一起来到这里学习。这样的生活持续了将近一年的时间。

周一到周六的日子是枯燥而无聊的，但一到了周日情况却完全不同，因为这时他可以自由地从事自己喜爱的音乐事业。舒伯特从不浪费一个周日，有时进城跟随萨利埃里学习作曲，接受艺术大师的谆谆教导；有时则回到寄宿学校，看望久违的朋友，参加那里的音乐会，与朋友们分享自己的音乐；有时则和施鲍恩一起去听歌剧。别看舒伯特平素温和随便，不怎么爱说话，但是一旦接触到音乐，他就有着令人意外的激情。据施鲍恩回忆，有一回，舒伯特、施鲍恩和另一个穷诗人西奥多尔·科纳听完歌剧《伊菲姬尼在奥利德》后一起去小馆子吃夜宵。他们是如此陶醉于淳朴自然的音乐中，以至一边吃饭，一边兴奋地大声谈论自己的感受，丝毫没有注意到别人的反应。邻桌的一位大学教授被吵得不耐烦，忍不住嘲笑他们的热情。施鲍恩和科纳还没有来得及反驳，舒伯特就已经气得把手中满满的啤酒都泼了，他站起身来，和这位教授大声争吵起来。要不是旁观的人不停地劝解，及时拉走那位教授，说不定年轻的舒伯特会一拳打过去。这就是我们可爱的音乐家舒伯特，他不在乎别人怎样谈论自己，却不能容忍对他心爱的音乐家有任何不敬之词。

此时的舒伯特已经 17 岁了，正如他的歌曲一样，舒伯特的外貌和性格已经定型。下面就让我们近距离接触一下舒伯特：

> 个子矮小但结实强壮……步伐敏捷、富有活力。脑袋又大又圆，一头褐色卷发。前额和下巴都很突出……眼睛很柔和，稍稍带有点褐色，激动起来像在明亮地燃烧……嘴唇总是闭得紧紧的……肤色苍白但有一股生气。像所有天才一样，他相貌上的生动，表现出内心持续的兴奋……他紧皱的额头和紧闭的嘴唇后面，有时候则是在温柔的目光和微笑的嘴唇里，闪现出他的创造性天才的魅人力量。

这是舒伯特在朋友眼中的印象。每个天才都有自己的个性，舒伯特也是如此。他讨厌任何形式的矫揉造作、自命不凡，对傲慢和无能的人一向很不耐烦。这使他根本不适合做一名教师，他也从来没有喜欢过这个职业。但是，不当教师，他又能靠什么生存呢？每当展望未来时，年轻的舒伯特便陷入了深思，不知何去何从。

歌剧《伊菲姬尼在奥利德》

创作之春

尽管进入了皇家高等学校学习，但舒伯特仍然对教师培训课程不感兴趣。那一年他试图应征入伍，但是因个子矮小，身高还不到5英尺（约1.5米），没有达到入伍的最低标准，可怜的舒伯特只能继续他在师范学校的生活。经过一年的努力，舒伯特最终以学校及格线的分数勉强通过了考试。但是，年轻的舒伯特还没有能力靠作曲来挣面包，他不得不违背自己的天性，服从父亲的安排。1814年8月，舒伯特回到父亲的学校教书，开始了为期两年的教师生涯。

作为一名作曲家，舒伯特有足够的耐心，但对于教书，他的耐心却十分有限。在父亲的学校里，舒伯特的任务是为年龄最低组讲课。整天和几十个调皮的低年级孩子打交道，让舒伯特感到十分疲劳，但是学生们给他带来的最糟糕的影响是在作曲时打扰他。久而久之，舒伯特练就了一项本领，他可以在非常吵闹混乱的环境里创作，丝毫不会分心。据说，他的写作速度极快，在《降 B 大调弦乐四重奏》第一章的手稿上，清晰地标注着写作的时间——“四个半小时完成”。这对于很多音乐家来说，都是不可思议的速度。与其他音乐家不同，舒伯特在创作时很少使用钢琴。这一方面是因为他一生穷困潦倒，一直没有属于自己的钢琴；另一方面则是因为他是激情澎湃型的音乐家，创作时使用钢琴会打断他的思路，让他失去思想。一旦开始构思，进入创作状态，舒伯特就陷入了深深沉思，无论周围的人怎样说笑和闲谈，他都完全不在乎，就像一点都没有听到似的。一位朋友这样回忆舒伯特作曲的情形：如果你在白天去拜访他，他只说一声：“你好，怎么样?”然后就继续工作，这时你就会离开。由于眼睛近视得很厉害，创作时舒伯特往往俯身趴在狭小的桌子上，全神贯注地注视着乐谱纸和诗集，嘴里一直咬着钢笔。当遇到困难时，他经常用手指在桌子上打拍子，敲来敲去，寻找最合适的音符，试着试着，灵感慢慢涌出，又继续轻松流畅地写下去。每完成一件作品，舒伯特都仔仔细细地抄写干净，并认真地标明完成的日期。

在父亲学校教学的两年里，舒伯特一有空闲就开始他伟大的创作。他总是过于轻易地将自己的手稿转借或送给他人，最终许多手稿就这样消失得无影无踪。对此，他非常生气，本想再把它们重新写出来，但因为耽搁得太久，这些曲子最终从他的记忆中消失了。这是多么遗憾的事情啊！到了1814年底，舒伯特的作品数量已经十分惊人。除去这些没有保存下来的作品，他完成了《D大调第一交响曲》、六部弦乐四重奏和数量可观的宗教音乐，包括曾在当地公开演出的F大调弥撒曲。他还创作了很多管弦乐队或钢琴演奏的小步舞曲和其他舞曲、两首c小调钢琴幻想曲、一部钢琴独奏和一部二重奏、几部钢琴奏鸣曲、几部序曲、一部三幕滑稽歌剧《魔鬼别墅》、五十多首合唱曲和歌曲。到此为止，他的器乐作品虽然悦耳动听，却还没有显示出他未来所能达到的高度。但是，在歌曲方面，人们第一次听到了舒伯特的天籁之音。

1814年10月19日，舒伯特创作了他第一首无可争议的杰作——《纺车旁的甘泪卿》。（甘泪卿，又译作格蕾丝，是“玛格丽特”的另译，她是《浮士德》中的女主人公，纯洁深情，红颜薄命）《纺车旁的甘泪卿》堪称完美之作，尽管当时的舒伯特只有17岁，但歌曲没有一丝一毫的幼稚或缺陷。它再次揭示了一个美丽的真理——完美的艺术作品是存在的，不再可能有挑战和超越。这首歌曲是如此重要，以至于后人称之为“第一首现代人所理解的意义上的德国歌曲在音乐中的出现”，而他创作此曲的这一天则被称为“德国歌曲的诞辰”。人们把舒伯特称之为“歌谣之王”，不仅仅是由于他在31岁的短暂生涯中，写作了600多首艺术歌谣。最大的原因是舒伯特的天才使得原来跟民谣差不多的德国歌曲提升到具有艺术价值的境界。

歌曲的歌词选自歌德的《浮士德》中一段极美的诗，少女甘泪卿坐在纺车边忧伤地思念着远去的爱人：

我的心不宁，心事重重；
永远，永远，无处觅平安。
我望向窗外，只为寻找他的身影；
我出门漫游，只为寻找他的足迹……

这是一首戏剧性的叙事诗，却有着非常细腻的心理描写。主人公的每一次感情变化，从内心的激动到幻想的沉思，从苦闷的烦恼到热情的爆发，无不表现得细致入微、淋漓尽致，烘托出了甘泪卿温柔淳朴的性格。诗是美的，曲是美的，二者相结合则构成了世界上最美妙的歌曲。在这首歌曲中，舒伯特把音乐和诗句完美地结合在一起，看不到丝毫雕琢的痕迹。歌曲的开始部分是钢琴独奏，单调而缺少变化，与之相对应的是纺车的嗡嗡声。在歌曲的高潮部分，甘泪卿痛苦到了极点，以至于不得不停止了纺线，此时的音乐也恰到好处地随之骤然停止。接下来，甘泪卿回到悲哀的现实，重新开始摇动纺车，音乐也随之缓慢地展开。除此之外，这首歌曲还有一个令人赞叹的特征，即旋律的简洁与伴奏的多层次之间、转调的大胆和曲意的变换之间都构成了鲜明的对比。这样的天才构思，只有天才的舒伯特才能想得出来。

这首歌曲是舒伯特第一次从歌德的诗中选取创作素材，从此便一发不可收拾。歌德是舒伯特为之谱曲最多的诗人，多达 74 首。从某种意义上说，歌德的诗对舒伯特早期的音乐创作有着决定性的意义，它们帮助舒伯特找到了自己的音乐语言，正如舒伯特所说的那样，“歌德的音乐和诗的天才帮助了我成功”。继《纺车旁的甘泪卿》之后，舒伯特又根据歌德的诗创作了 4 首歌曲。从这时起一直到他离家出走，在不到两年的时间里，他完成了将近 400 部作品，是舒伯特一生创作成果最为丰硕的一段时期，堪称其创作之春。1815 年的作品包括四出歌剧、第二和第三交响曲、第二和第三弥撒曲、g 小调第九号弦乐四重奏、两首钢琴奏鸣曲、合唱曲，钢琴曲和舞曲各十首，另外还有 140 首歌曲，共计 200 多部。1816 年，他完成的作品也达到了 160 部之多。其中，1815 年 7 月是舒伯特一生之中创作最丰富的一个月，详细作品及时间如下：

日　期	曲　目	词作者
7 月 2 日	《亲爱的敏娜》	斯泰德
7 月 3 日	F 大调赞美诗：《漫游者的夜歌》	歌德
	《渔夫》	歌德
	《第一次迷失》	歌德
7 月 7 日	《伊达的夜歌》	歌斯加登
	《来自伊达》	歌斯加登
	《幽灵》	歌斯加登
	《欺骗》	歌斯加登
	《心弦》	歌斯加登
7 月 11 日	女高音、女低音、男高音、男低音演唱：《献给永恒之灵的圣歌》	歌斯加登
7 月 15 日	《夜晚》	歌斯加登
	《爱之灵》	歌斯加登
	《醉歌》	歌德

7月19日	完成《D大调交响曲》(5月24日开始)	
7月24日	《菩提树下的夜晚》(初稿)	歌斯加登
7月25日	《菩提树下的夜晚》(二稿)	
	《夜光》	歌斯加登
	钢琴伴奏的三重唱:《月夜》	歌斯加登
7月26日	开始创作三幕歌剧《维拉别墅的克劳蒂娜》	歌德
7月27日	《效忠》	歌斯加登
	《一切为了爱》	歌斯加登

《浮士德》中的甘泪卿

舒伯特肖像

试想一下，此时的舒伯特只是18岁的少年，每天都要教几十个孩子学习字母，时常为谋生和音乐不能两全而苦恼，他是怎么创作出这么多、这么美妙的音乐的呢？在一个月的时间里，他竟然创作了21部乐曲，而且每部作品都堪称杰作，绝非一般庸俗之作所能比。这如泉水般奔涌的乐思究竟来自何方？在西方音乐史上，舒伯特为后人留下了永远难以逾越的巅峰。

没有几个作曲家青少年时期的作品像舒伯特的那样，在今天这么广为流传。后人惊叹于莫扎特早熟的天赋，但一般都不太理会他的早期作品。门德尔松少年时期作品的数量在他的全部作品中占的比重最大，但只有很少进入音乐会的保留曲目中。少年舒伯特并没有展现出与莫扎特和门德尔松相媲美的天赋，也没有引起类似的轰动。实际上，在1820年之前，舒伯特几乎默默无闻。他23岁那年，已经创作出他全部作品的三分之二，但这些早期作品中，有几十首最终成为保留曲目。

《魔王》问世

奇迹发生在舒伯特身上，并在一曲《魔王》中达到了顶峰。《魔王》是舒伯特早期音乐的代表作，可以称得上是他“非凡创造力达到顶点的标志”。

据施鲍恩回忆，1815 年 10 月的一天下午，他和朋友一起去看舒伯特。当他们见到舒伯特时，他正握着歌德的诗集，在屋子里走来走去，对他们的到来没有任何表情。他不时打开诗集，反复地大声朗读里面的句子：黑森林、病孩子、疾奔的马、寒冷的夜、金冠的魔王、悲痛的父亲……突然舒伯特快速坐到桌旁，以短得不能再短的时间飞快地写了起来，很快一首叙事曲就跃然纸上。舒伯特兴奋地扔掉笔，高兴地站起来，这才想起招待他的朋友。施鲍恩和朋友们完全被舒伯特的行为打动，他们仔细阅读了舒伯特的新作，恨不得马上就把它转化成音符。由于舒伯特家里没有钢琴，他们便立刻奔到神学院去试奏。这就是流传千古的《魔王》，当天晚上就在神学院演出，受到了所有人的喜爱。

《魔王》的歌词取自德国著名大诗人歌德的同名叙事谣曲，讲述了深夜父亲带儿子回家，被魔王害死的故事。其歌词如下：

叙述者：在夜半风中，骑马飞奔，是一位父亲和他的儿子；他把那孩子抱在怀里，紧紧地抱着，使他温暖。

父亲："儿子，为何这样惊惶害怕？"

儿子："啊，父亲，你可看见魔王？他头戴王冠，露出尾巴。"

父亲："儿子，那是烟雾在飘荡。"

魔王："好孩子啊，跟我来吧！我和你一起快乐游玩，无数的鲜花开满海滨，我的母亲还有金边衣裳。"

儿子："啊！父亲啊，父亲，你听见没有，那魔王低声对我说什么？"

父亲："你别怕，我的儿，你别怕，那是寒风吹动枯叶在响。"

DER ERL KONIG

THE ERL KING

FR. Schubert
Transc. by Fr. Liszt
Arr. by Q. S. fan

《魔王》钢琴曲谱节选（李斯特改编）

魔王："好孩子，你可愿意跟我去？我的女儿也正在等待你。每天晚上她跟你在一起游戏，她唱歌又跳舞来使你欢喜，她唱歌又跳舞来使你欢喜。"

儿子："啊！父亲啊，父亲，你看见了吗？魔王的女儿在黑暗里。"

父亲："儿子，儿子，我看得很清楚，那只是些黑色的老柳树。"

魔王："我真爱你，你的容貌多可爱美丽，你要是不愿意，我就用暴力。"

儿子："啊！父亲啊，父亲，他已经抓住我！他使我痛苦，不能呼吸！"

叙述者：父亲在发抖，他加鞭狂奔，把喘息的儿子紧抱在怀里，惊惶疲倦，回到家里，怀里的孩子已经死去！

舒伯特的音乐活灵活现地展示了《魔王》的场景。在一开始，钢琴伴奏就在低音区隆隆作响，奏出紧张恐惧、连续八度的三连音，逼真地模仿出急促的马蹄声。左手连续不断的伴奏贯穿全曲，那是寒风在呼啸。在漆黑的夜里，父亲怀抱病重的儿子，在雾气蒙蒙的大森林里策马狂奔。这片黑漆漆的森林，自古以来就是传说中可怕的金冠魔王出没的地方。歌曲通过钢琴伴奏从一开始就勾勒出一幅阴暗、激动的浪漫主义音画。紧张地跳动着的节奏，低音奏出的不和谐的和音，进一步突出了神秘、紧张和惊慌的气氛，营造出极为强烈的悬念感。

舒伯特成功地利用男中音丰富的音色和性格迥异的旋律表达出歌中不同人物的特征。他用低音区表现父亲，高音区表现孩子，中音区代表叙述者，假声则象征魔王。叙述者首先发言，用比较平稳，近似于宣叙的音调叙述父子二人在黑夜中骑马飞奔的情景。

父子对话的曲调则是吟诵式的，表现出强烈的戏剧性。被魔王纠缠的儿子所唱的旋律中，出现许多喘息一般的半音进行和休止符，表现出孩子的恐惧和虚弱。他对父亲的喊叫，每次用的都是相同的旋律，但音阶却一次比一次高，一次比一次惊慌，恐惧和绝望也一次比一次加深。父亲的旋律起初断断续续，跳动很大，后来才渐渐平稳下来，表现出父亲如何极力掩饰心中的不安和恐惧，保持镇静来安慰儿子。父亲回答儿子时音调的慈祥与儿子的惊慌和依赖形成感人的对比。

每当魔王进入时，歌曲的力度都降到PP，钢琴伴奏也随之一变，声乐线条变得平滑柔媚，富于诱惑力。魔王先用甜言蜜语引诱孩子，这时旋律中出现装饰性的三连音，配以甜美的假声，刻画出魔王的虚情假意，更加增添了恐怖和紧张的气氛。后来，魔王见利诱不成，便露出了凶相，威胁道：“你要是不愿意，我就用暴力。”这时钢琴伴奏用左手重叠垂直下降5度，音调的连续下行大跳，把魔王的狰狞面目暴露无遗。同样的音型也用在孩子死亡时的喊叫声中。

悲剧的结局已经无法避免，叙述者用越来越低沉阴郁的音调，简洁地唱出孩子的死亡。这时，贯穿全曲的马蹄声戛然停止，寒风也没有了声息，整个世界只剩下筋疲力尽的父亲独自悲痛，全曲以两个沉重的特强和弦结束。

当年轻的舒伯特把这首乐曲送给歌德时，他却以鄙视与怀疑的眼光，不加理会，好像说这个人简直不可理喻。起初，歌德之所以不喜欢这首作品，是因为在他的想象中，这首叙事诗应该用反复歌的方式，像民谣般悠闲地唱出，而舒伯特却用摄人心魄的戏剧性表现，这是完全违反他的原意的。可是等到1821年，当歌德听过《魔王》的实际演唱后，才大受感动，深深地被舒伯特的才能所折服——这年舒伯特已经24岁。

青年舒伯特

寻求自由

尽管在父亲的学校教书的这两年，舒伯特创作了大量的作品，但他依然感觉到自己的思想和才能受到了种种束缚，不能无拘无束地做自己喜欢的事情，这对于痴迷于音乐的舒伯特来说，无疑是最痛苦的事情。他一直在苦苦寻求通向音乐世界的自由之路。不久，一扇机会的大门向他打开。

原来，当时奥地利帝国在莱巴赫建有一所师范学院，他们急需一名音乐教师。其待遇十分丰厚，每年有 450 弗罗林的薪水。这正是舒伯特梦寐以求的工作，于是他于 1816 年 4 月写了一份正式的求职信，寄到市政当局，希望能得到这份工作。在信中，舒伯特陈述了自己申请的三条理由：

1. 申请人在神学院学习长大，曾是宫廷唱诗班成员，并师从萨利埃里这位宫廷首席指挥家学习作曲。现在他的大力推荐下申请此职。

2. 申请人已掌握了为风琴、小提琴和人声作曲的全面知识，并在这方面有丰富的实践经验，因此，如随函证明材料所示，他在各方面都是这个职位的最合适人选。

3. 他承诺他会尽其所能履行好此职，以不辜负被考虑为此职位之最佳人选。

弗朗茨·舒伯特

通过舒伯特的陈述以及那些支持他的人的推荐，我们发现他在 19 岁时的地位远没有其他音乐天才高。在这个年龄，莫扎特、贝多芬、罗西尼的音乐才能已经得到了广泛认可，但对维也纳的公众来说，舒伯特没有什么特殊的地方，也没有特别的成就。实际上，在申请过程中，舒伯特的作曲机会没有被提到。遗憾的是，尽管有萨利埃里出具的一份大力推荐的证明书以及维也纳市政委员会写给奥地利地方政府的一封推荐信，舒伯特还是没能获得这个职位。得知这个消息，舒伯特深感痛苦，因为他已经快要无法克制对教书的厌恶了，他常常对朋友诉苦："每当我想定心写作，这些捣蛋鬼就把我气得方寸大乱。"

在迈向获取一份有薪水的音乐职位的第一步没有成功，这多少让年轻的舒伯特有些灰心丧气，但他很快又重新振作了起来，因为有许多朋友帮助他从越来越难以忍受的教学生活的束缚中解脱出来。其中对舒伯特最用心的是他的挚友——施鲍恩。施鲍恩很早就认定舒伯特是一个天才，对他的音乐的不朽价值从来没有动摇过。他充分利用自己的关系，努力把自己朋友的作品推荐给一些显赫的人物看，以便引起他们的注意。此外，施鲍恩还在自己的寓所里举办音乐晚会，演奏舒伯特的曲子，以引起那些热爱艺术的听众的注意。在舒伯特的第一部歌曲集出版之后，他于1817年4月17日给歌德写了一封推荐信，希望能赢得歌德对舒伯特天才的赞许。他在信中对舒伯特的才能赞不绝口，希望能够获得歌德的认可：

> 这个誊印本里收集的歌曲曲目都是出自一位名叫舒伯特的作曲者之手。他今年19岁，早在最初的孩提时代，上天就赋予了他最不可辩驳的音乐才华。在作曲家萨利埃里对艺术无私热爱的挖掘和培育下，这位年轻的艺术家的歌曲得到了普遍的赞誉。这其中包括我这里寄给您的歌曲及其他大量作品。许多音乐大师及非音乐家，无论男女，全部交口称赞。希望这位谦

逊的年轻人通过这次部分作品的出版可以开始他盼望已久的音乐生涯。而且毫无疑问，很快他将会把他的天才业绩上升到一个更高的档次……

该艺术家本人满怀希望，将这些作品恭谦地呈献给阁下。因为阁下的壮丽诗篇不仅给了这位作曲家的大部分创作以灵感，而且为他作为一名德语歌唱者的成功奠定了基础。

在这个世界只要有讲德语这种语言的地方，他的名字与作品就有权利同那些众人皆知的被人尊重的名字放在一起……我克制自己不要再对这些歌曲作进一步的赞颂了，因为这些作品本身就是最有力的语言……

不知道这位年轻的音乐家能否有幸赢得他世上最崇敬的人对他作品的赞同。

不过，施鲍恩这次善意的努力并没有成功，这封信如石沉大海一样没有回音。歌德这位年迈的诗人自己就爱作这种呼吁，这次却对别人的呼吁没有理睬，直到多年以后他才发现舒伯特的价值。

1816 年 6 月 17 日，对舒伯特来说是一个特殊的日子。这一天他在日记中写道：“今天我第一次为赚钱而作曲。”

原来，为了庆贺瓦特尔洛特·德罗克斯勒教授的诞辰，舒伯特创作了一首清唱剧《普罗米修斯》。为此，他得到了100弗罗林的奖赏。这首清唱剧于1816年7月14日在教授家的花园里首次演出。舒伯特亲自指挥这次演出，他的一些朋友也参加了演出，其中有个朋友后来写了首诗《致弗朗茨·舒伯特先生》，一年后刊登在维也纳《大众剧院报》上，这是媒体上第一次提到舒伯特。遗憾的是，该清唱剧中为高音、低音、合唱队、乐队作的曲子在舒伯特在世的时候就已经散失了，只有一个参加当年演出的朋友记住几个旋律。这次经历增强了舒伯特对自己的信心，使他相信即使不在父亲的学校里教书，他也能够生存下去，生活可能很清苦，但注定会更自由、更幸福。畅想每天都能在音乐的海洋中自由翱翔，还有什么能阻挡年轻音乐家的步伐呢？

追求音乐，还是追求生存？追求身心的自由，还是追求父亲的欢心？年轻的舒伯特面临着人生第一个重大选择。1816年9月，舒伯特做了一次短途旅行，在旅途中他写下了青春的彷徨与思索：

> 天资和教育决定人们的思想和心灵。心灵是统治者，但思想也应该是。让人们成为他们想成为的人，

而不是他们所应当成为的人。狂喜的时刻照亮了这黑暗的生活……我们必须微笑和忍受。

从这天的日记中，我们看到年轻的舒伯特对心灵自由的强烈追求，此刻的他已经下定决心投入自己热爱的音乐事业。事实正是如此，这一年秋天，舒伯特终于毅然决然地踏出父亲的家门，怀抱着“成为贝多芬的继承人”的希望，开始了他所期待的真正的生活——没有固定收入、没有固定住处、漂泊不定但却无拘无束的职业音乐家生活。这一年，舒伯特 20 岁；这一年，他坚定地选择了音乐之路，选择了自由之路。从此，舒伯特再也不用像服役般强迫自己教那群淘气的孩子，再也没有过分拥挤的家庭空间所造成的持续压力，再也不必和反对自己从事音乐事业的父亲朝夕相处、苦苦相争。他从此可以把所有的时间都消磨在音乐上——这是他在世界上最宝贵的财富。

第3章：自由翱翔

忘年之交

离开父亲的校舍以后，舒伯特搬到了他的另一个好朋友——弗朗茨·索伯（1796—1882）的家中，并一直在那里住到第二年8月。这里有必要介绍一下舒伯特的这位好朋友。索伯生于瑞典，他的父亲是德国人，母亲是奥地利人。他一生之中从事过许多职业，如作家、演员、画家和西洋象棋棋手，也做过小官。他性格诙谐，很有魅力，审美能力强，但为人怠惰轻浮，情绪时起时伏，生活放纵，追求刺激，不肯有半点循规蹈矩的想法。正是他这种放荡不羁的个性强烈吸引着舒伯特，在他身上舒伯特仿佛看到了自己为生存压力所迫却时刻渴望自由的灵魂。舒伯特的父亲极其讨厌不让舒伯特“学好”的索伯，但舒伯特却与索伯形影不离，以致朋友们有时诙谐地称呼他俩为“索伯特”。正是因为心心相通、趣味相投，从父亲家搬出来之后，舒伯特才毫不犹豫地住到了索伯家中。

索伯的母亲和妹妹索菲对舒伯特十分热情友善，为他提供了良好的写作环境，这让舒伯特非常感激。现在，他终于可以自由自在地享受音乐了。初尝自由滋味的舒伯特思如泉涌，进入了一个特别富有创作力的时期。在索伯家里，舒伯特创作了近 60 首歌曲、两首意大利风格的序曲、一部四重奏、一部五重奏、七首钢琴奏鸣曲以及几组舞曲。1817 年 3 月，正是怀着对音乐无限的热爱之情，舒伯特作曲，索伯作词，二人共同创作了《致音乐》。在这首令人销魂的乐曲中，舒伯特毫不吝啬地赞美了音乐的魔力。索伯的诗是这样写的：

噢，最亲爱的音乐，多少次，在悲伤的时刻，
当生活把我掷入冷酷的境地，
是你，再次激起我心中的爱恋，
送我进入一个美丽出尘的世界。
往往，一个温柔的音符，从你的竖琴升起，

你奏响甜蜜而圣洁的和声，

使我如上天堂——那无上愉悦的良辰美景，

噢，最亲爱的音乐，为此我感谢你！

这首朴素而情感汹涌的诗，被舒伯特谱成令人断肠的美妙的音乐，成为不朽的杰作。所有后来人在介绍舒伯特时，都不能错过这首《致音乐》。正如阿莱克·罗伯特森所说的那样，无论谁站在舒伯特的墓前，他记忆中最先流出的必定是这首音乐。这是每一位音乐家在自己告别人世时所希望听到的音乐，它的每一小节、每一乐段都是不朽的。

舒伯特一向是自作自弹自唱，但随着时光的推移，他越来越希望自己的作品能为更多的人所知。舒伯特的朋友们看出了他的心思，他们不停地为舒伯特四处奔走，为此他们经常举行音乐会，演奏和演唱舒伯特的作品。这就是被后人津津乐道的“舒伯特之夜”，他的作品就是通过这种途径逐渐扬名维也纳的。在这期间，一位著名的歌唱家——约翰·帕埃尔·弗格——对舒伯特产生了深远的影响，二人最终成为忘年之交。

弗格在维也纳宫廷歌剧团供职，是当时维也纳很有名气的歌唱家。他文化修养很深，演唱经验丰富，但也因见

油画《钢琴旁的舒伯特》（局部）（俄）古斯塔夫·克林姆特

多识广，为人威严傲慢，对新作十分挑剔，一般人很难接近。幸运的是，索伯的姐姐嫁给了弗格的同事，索伯充分利用这层关系，为舒伯特争取了一次与弗格见面的机会。尽管弗格对当时的音乐风气失去了兴趣，甚至有放弃音乐的打算，他还是勉强答应了索伯的要求。

这一天终于到来了！按照约定的时间，弗格准时来到索伯的家里，舒伯特和他的朋友们早已焦急地等待着。此时的舒伯特似乎很紧张，他十分笨拙地向弗格微微鞠躬，表示对见到这位大人物的荣幸，可是弗格的反应不仅带有惯常的傲慢，而且相当冷淡。原来，他一看到舒伯特又矮又胖，貌不惊人，没有一点想象中艺术家的样子，心里早就凉了半截，没有对舒伯特抱有任何希望，只是想早点结束这难熬的几个小时。他顺手拿起桌上的一叠乐谱，冷淡地说："好吧，就让我们来瞧瞧你写的歌究竟怎样吧。"弗格选的第一首歌是《泪歌》，这首歌很美，旋律感人，但还算不上舒伯特最优秀的作品。弗格几乎没有正式唱，只是按照乐谱的曲调哼了一会儿，舒伯特坐在钢琴前为他伴奏。弗格唱完《泪歌》，表面上依旧无动于衷，只是淡淡地评价了一句"还不错"。但事实上，他心里已不知不觉受到了感动，像呼吸到久违的新鲜空气一样，一下子兴奋起来。接着，他又低声唱了《酒神甘尼美》、《牧羊人之悲叹》等歌曲，态度越来越友好，越来越热忱。直到告别时，他才恢复了一贯傲慢的神气，拍着舒伯特的肩膀，用教训的口吻说："你果然有些真材实料，但你太严肃，不懂夸张，没有把它们提炼出来，反而浪费了你那美妙的乐思。"

很显然，这位 50 岁的歌唱家喜欢上了这位年轻的作曲家及他的作品。他虽然当面这样批评舒伯特，但背后却极力赞扬他。凭借多年磨砺的艺术直觉，他从第一首歌就感受到了舒伯特的天才。以后他又听到了《魔王》，这次他再也无法矜持，立刻热烈地赞扬它是一首万古流传的不朽杰作，如此深刻成熟的作品竟然出自这样一个初出茅庐的青年之手，简直不可思议！从此，弗格和舒伯特成为亲密的朋友。他频繁邀请舒伯特到他家中做客或同去乡下度假，为他担任歌曲伴奏，和他一起训练，成为舒伯特最热情的崇拜者。弗格本想早日隐退，但舒伯特的出现改变了他的初衷，而他本人的艺术生命，也因为演唱舒伯特的歌曲进入了最灿烂的时期。舒伯特和弗格，一个是青春少年，一个是花甲老人，但年龄的差距并没有阻碍二人的友谊，他们的忘年之交在音乐史上传为一段佳话。舒伯特使弗格重新热爱音乐，而弗格的友谊对舒伯特也具有难以估量的重要性。在当时，弗格是维也纳，乃至奥地利乐坛上的名人，他的演唱往往可以使无名小卒的创作骤然间走红维也纳，甚至整个奥地利。1825 年舒伯特在给哥哥斐迪南的信中说："弗格演唱，我为他伴奏，这一刻我们似乎合二为一。这种方式对那些听众来说是极为新鲜、闻所未闻的。"弗格的演唱和推介对舒伯特歌曲的流传产生了相当大的影响。

让我们想一想他们在一起的场景吧！弗格高大魁梧，

油画《笛子音乐会》(德)阿道夫·门采尔
该油画描绘了19世纪欧洲贵族家庭音乐会的场景。

相貌堂堂，派头十足，在人堆里如鹤立鸡群，而舒伯特不仅身材矮小，只有1.52米，而且憨厚的脸上挂着一副永远摘不下来的眼镜，在朋友中有“小蘑菇”、“小胖子”的昵称。索伯曾为二人画了一幅让人捧腹大笑的漫画：高大的弗格在前面阔步而行，目不斜视；矮小的舒伯特胳膊下夹着一卷乐谱，上衣口袋里还塞着一卷，脸部微微侧向读者，略带诧异的表情让人忍俊不禁。这幅宝贵的漫画，为我们留下了舒伯特最真实的一面。

历史上一直有这样一种说法，认为舒伯特是在一种恍恍惚惚的“梦游”状态下写作的。正是在这种神秘的“出神”状态下，这个没有受过多少教育的青年获得了超人的直觉和洞察力。这种说法最早始于弗格，他曾经说：

> 作曲家有两种，一种就像舒伯特这样，在“直觉”或“梦游”状态下创作，作曲家本人没有任何自觉的行动，这不可避免地具有某种天意和灵感；第二种则是通过意志力、思考、勤奋、知识来创作……

显然，弗格没有真正理解舒伯特的创作方法。的确，在舒伯特看来，音乐本身就是一种神秘的、自然的力量，其创作速度之快，作品数量之多，无疑与他突如其来的灵感有关。而且，舒伯特现存的手稿主要都是一些干净整齐的抄本，没有丝毫修改的痕迹，仿佛是大自然“口授”给他的一样。施鲍恩对这种说法十分愤怒，他在回忆录中有力地予以驳斥：

> （舒伯特）那前所未有、取之不尽、用之不竭的旋律宝藏确实是一种神圣的天赋，技巧再高明的人也难以企及……但如果相信舒伯特仅仅是一位优秀的天生的作曲家……人们就犯了大错。舒伯特具有最完备的音乐知识，对古代和当代音乐大师的作品有过最详

尽的研究。他研究过巴赫和亨德尔的全部作品，对他们充满敬意。他几乎可以凭借记忆弹奏格鲁克的所有歌剧。出自莫扎特、贝多芬和海顿的音符，大概没有一个是他不知道的。一个人有如此丰富的知识，就绝不会是一个仅凭天赋的作曲家。

事实确实如此。和所有伟大的作曲家一样，舒伯特不是“天生的天才”，更不是一台作曲机器。舒伯特去世以后，他创作的草稿和最初的抄本逐渐被公诸于世，“梦游”创作的神话就彻底地不攻自破了。

乡间生活

1817 年 8 月，由于索伯家里来了一位急需住房的亲戚，舒伯特不得不暂时离开。他无处可去，只能又一次回到父亲家中，再一次担当起他所厌恶的教师工作。不过，这次父亲似乎已经认可了舒伯特的选择，没有坚持让他放弃音乐，从事教师职业。

在家里的这段时间，舒伯特开始动笔写 C 大调第六交响曲，直到 1818 年 2 月才完成。虽然这部交响曲在技巧上取得很大的进步，却被认为是舒伯特所有交响曲中最乏味的一首。研究舒伯特的权威专家布朗评论说：“管弦乐的运用是巧妙的，乐章被老练地组织在一起，流畅到圆滑的地步，一切都显得干净利索，令人满意。但是，作品没有灵魂，一切都是浮表的东西，如职业匠人摆弄的琐碎玩意儿一样，毫无吸引力……”这似乎与舒伯特当时失望和沮丧的心情分不开。虽然此时的舒伯特闷闷不乐，但维也纳音乐界却是欢天喜地。这是因为罗西尼（1792—1868，意大利著名歌剧家，代表作是《塞尔维亚的理发师》）的歌剧以狂风暴雨之势征服了维也纳，舒伯特本人也受到了罗西尼音乐的感染，写了两首“意大利风格”的序曲，其中一首在 1818 年 3 月 1 日正式公演，这是舒伯特第一部公演的作品，在维也纳和外地的报纸上得到了一致的赞誉。当年另一件令人振奋的事情是他首次发表了自己的作品——歌曲《厄尔拉夫湖》。尽管收录这首歌曲的出版物是某杂志的增刊，知名度不是很大，但不管怎么说，舒伯特的作品终于被印在了出版物上，这毕竟是一个好的开始。

1818 年夏季，21 岁的舒伯特得到了一份报酬不菲的工作。约翰・卡尔・埃斯特哈齐伯爵聘请小有名气的舒伯特教他两个女儿学习音乐。埃斯特哈齐一家夏天在乡间度假，冬天再回到自己的维也纳的住所——这在当时是一种时尚。舒伯特热爱维也纳，更离不开这里的朋友，一想到要离开这个城市就感到痛苦。不过，他最终还是接受了这份工作。一方面是为了缓解经济上的拮据，另一方面也是为了彻底摆脱父亲。原来，在舒伯特离开学校的时间里，他父亲一直坚持将儿子的名字保留在教员名册中，希望舒伯特回心转意时能重新教书。这显然是他一厢情愿的想法。接受这一职位就意味着彻底辞去父亲学校中的工作，得到一份固定的薪水。事实上，舒伯特还有另一层考虑，他希望乡间的和平与宁静能够有利于他的创作。于是，舒伯特和埃斯特哈齐一家来到了位于匈牙利的彻利兹城堡，开始了短暂的乡间生活。舒伯特从前从未离家这么远，这是他一生中最远的一次旅行。刚来到彻利兹城堡，舒伯特就被周围美丽的风景所吸引。城堡周围到处是令人心旷神怡的树林和田野。城堡虽说不上富丽堂皇，但结构匀称，外观典雅，四周环绕着一个漂亮的花园和池塘。据说，城堡里还养了一群鹅，有时发出的嘎嘎声能淹没人们的交谈之声，是幽

欧洲田园风光

静环境中唯一的“交响乐”。虽然舒伯特是伯爵聘请来为千金们上课的教师，但在那个时代，家庭教师的地位也就比管家稍稍高出一点。舒伯特住在管家的房间里，和仆役们一起吃饭。在最初的日子里，一切都那么新鲜，他觉得大部分佣人都很令人愉悦，并与75岁的外科大夫交上了朋友。置身于美丽的草地和花园中，舒伯特在彻利兹城堡体会到的最初的自由让他身心陶醉。在到彻利兹城堡大约三个星期之后，他给朋友们写了一封信：

最好和最亲爱的朋友们：

我怎么能忘掉你们呢？你们对我来说就意味着一切。施鲍恩、索伯、麦亚霍佛、塞恩，你们都好吗？我过得很好，像个神衹似的生活和作曲……麦亚霍佛的《独居》写好了，我相信它将是我至今最好的作品……祝你们个个都快乐健康，就像我现在一样。索伯请代向弗格问好……如果有可能，请他考虑可否在11月的昆茨音乐会上演唱一首我的歌曲——随便他喜欢哪一首，我足感盛情。向你想得到的所有熟人问好……尽快给我写信，你写来的每个字母对我都是珍贵的。

从舒伯特轻松、喜悦的语调中，我们感觉到他对这段时间的生活十分满意，对未来充满了希望。正如他自己评价的那样：“感谢上帝，我终于活过来了，这正是时候，否则我只会是一个壮志未酬的音乐家。”

然而，好景不长，一段时间之后，彻利兹城堡田园般生活的光环开始暗淡下来，他越来越思念维也纳，思念自己的好友。虽然这里的生活一直让人惬意，但却一直缺少点什么。舒伯特发现，这里没有一个人懂得真正的艺术。这对于为音乐痴狂的舒伯特来说简直是无法忍受的，他只能和他所钟爱的音乐寂寞相处，把她藏在房间里、钢琴里和心里。这种情况一方面痛苦地折磨着舒伯特，另一方面也升华了他的思想。在这段日子里，舒伯特创作了大量的钢琴四手联弹乐曲。1818 年之前，他很少以这种亲切的方式创作作品，但他现在是在埃斯特哈齐家里教钢琴，而且要让大家愉悦，所以钢琴二重奏就特别有吸引力。此后，舒伯特一生中都坚持运用这种方式创作，在他之前或者之后，没有任何作曲家创作了这么多如此动人的四手联弹作品。随着家庭音乐活动的衰落，这种形式的作品慢慢地不受大家欢迎了。除此之外，他写了好几首非常好听的歌曲。

随着时间的推移，舒伯特对维也纳的思念与日俱增，他在信中写道："尽管我在这里健康而快乐，尽管这里的人很友善，但我却热切地期盼着那一刻：回到维也纳，回到维也纳！"在他看来，维也纳狭窄拥挤的空间里有他最心爱、最珍视的一切。漫长的夏季终于过去了，埃斯特哈齐一家返回了维也纳，舒伯特返回了他心中的天堂。

重返维也纳

回到维也纳之后，老西奥多尔又建议儿子当一名教师，如果真是这样的话，这位音乐家将再一次受到教师职业的羁绊。但这一次，舒伯特再也没有怯懦，于是父子之间又出现了裂痕。虽然父母家的大门一直为他打开着，但他不想，更不愿意再回到那个地方。然而，此时的舒伯特一贫如洗，连房子都租不起，他该怎样面对以后的生活呢？幸好，他有一批生死之交可以投靠。他先是住在施鲍恩家里，然后搬到索伯家，最后又搬到麦亚霍佛那里。

这里我们有必要介绍一下麦亚霍佛。麦亚霍佛是舒伯特早期的好友之一，他是一个极其敏感、真率、忧郁、内向的诗人，十分喜欢音乐。他们的相识要追溯到 1815 年，那年舒伯特 17 岁。在一个阳光明媚的下午，施鲍恩和舒伯特一起来到麦亚霍佛的住处，还没有进门，舒伯特就听见屋里传来他极为熟悉的旋律，高兴地喊道：“我的《湖上》！是我的歌。”施鲍恩笑着补充道：“也是麦亚霍佛的《湖上》，是他的诗，不是吗？”听到他们的对话，麦亚霍佛飞快地出门迎接，但一切寒暄客套的话都是多余的，诗人的心和作曲家的心已经暗暗融合在一起。舒伯特微笑着对麦亚霍佛眨了眨眼睛，就飞快地直奔钢琴，开始弹奏他的歌曲，一首接着一首。麦亚霍佛默默聆听，心醉神迷。不知不觉中，天色渐渐暗了下来，舒伯特唱累了，从钢琴凳上站起来，微笑地看着独自出神的麦亚霍佛。麦亚霍佛突然惊觉，跳了起来，三个人开怀大笑。整整一个晚上，他反复地低声哼着舒伯特的旋律，诗人和作曲家很快成为好朋友。

终其一生，舒伯特共用麦亚霍佛的诗谱了 47 首歌，除了歌德，麦亚霍佛是舒伯特为之谱曲最多的诗人。麦亚霍佛也充分认识到了舒伯特的音乐价值，“我的许多诗是因为他那美丽而忧郁的旋律才存在、流传和受到欢迎的”，每当有新作时，他要等到舒伯特把自己的新作谱成音乐后，才敢相信这些诗是美好的，是有价值的，才会真正喜欢和珍视它们。

当舒伯特重回维也纳的时候，一直居无定所。当麦亚霍佛知道舒伯特的处境时，毫不犹豫地邀请与他同住，舒伯特非常高兴地答应了。在此后的两年时间里，舒伯特和麦亚霍佛同住一室，和睦相处，度过了一段美好幸福的生活。虽然这位大师是被父亲拒之门外的人，但要感谢他的朋友，是他们给了他一席之地，他才得以重新挥笔作曲，正如施恩菲尔德所说："在各种各样的忧虑和折磨中，不为人知的无名鼠辈舒伯特的天才只得到了他的几位朋友的承认。"

舒伯特对这里的生活非常满意，因为麦亚霍佛的房间里有一架钢琴，可以任他弹奏，给他提供了很好的写作环境。此时距舒伯特离家已经差不多三年了，他完全习惯了无业游民般的艺术生涯。尽管如此，舒伯特的生活还是很有规律的，他每天睡得很晚，起得也很晚，往往到早上10点左右才起床，但洗漱后马上就投入工作，一直写到下午两三点甚至更晚才停下来。然后他会到咖啡厅吃午饭，之后就是会朋友、散步、访客、弹琴等活动，天黑之后他往往在一家小酒馆和朋友们一起吃饭。这时是舒伯特最幸福的时候，他们常常一手拿着酒杯，一手握着烟斗，谈天说地，读书唱歌，不知不觉就过了午夜。白天工作，晚上娱乐，这就是这位年轻艺术家一天的生活。

即使从现在的眼光来看，舒伯特也是典型的艺术家形象。他喜欢喝酒，不受世俗约束，不愿意出入时髦的交际圈子，他的血液中似乎有着吉卜赛人的流浪成分。为了不打破自己心爱的生活方式，他甚至不愿意以给人教音乐来糊口，只因为教课既沉闷无聊又太浪费时间，而且教课时间一般都是在早上，正是他创作欲望最旺盛的时候。他可不会为了一点点钱而放弃终身的音乐事业。说到金钱，他的艺术家特质体现得最为明显。他常年为贫穷所困，常常要靠朋友接济才能吃得上饭，有时候竟然找不到一双完整的袜子穿，更谈不上像那些维也纳市民那样每年到乡下消夏。可是，虽然在金钱上吃足了苦头，他却绝不肯向金钱低头。他在创作方面异乎寻常地勤勉和专心，任何与创作不相关的事情，一概不喜欢，即使能挣钱也不肯做。而一旦手里稍有富余，他就会立即和朋友们一起花掉，或者用在比他更穷的朋友身上。这就是我们可爱的艺术家——舒伯特。

维也纳舒伯特公园

梦幻之旅

1819 年夏天，弗格邀请舒伯特到他的老家——施泰尔度假，于是舒伯特和他的忘年交一起踏上了一次仲夏的梦幻之旅。

这是一次大自然之旅，也是一次艺术之旅。一路上，两位热爱大自然的朋友不禁为美丽的乡村景色所陶醉。他们在一些漂亮的小镇上张贴海报，舒伯特为这些又惊又喜的村民们演奏奏鸣曲和幻想曲，弗格则为他们演唱舒伯特所写的歌曲。一天，他们漫游到一座修道院前，这座宏伟的建筑矗立在一面山坡上，四周是一片肥沃的开满鲜花的平原。他们像朝圣者一样，爬上了陡峭的山村街道，在一片片绿荫的怀抱中，有一座带有一百扇窗户和几座巴洛克风格巨塔的修道院。修士们很有礼貌地接待了两位音乐家，并在富丽堂皇的餐厅里颇有艺术眼光地欣赏了他们表演的音乐和歌曲。

又经过了两天的路程，他们终于来到施泰尔。这座风景如画的小镇位于奥地利北部，距离维也纳 90 英里。施泰尔河的碧波和不远处宁静的群山，令人时时有出世的感觉。在这里，他们逗留了很长时间，弗格把舒伯特介绍给他所有的朋友——鲍姆加特纳、科勒尔、谢尔曼和施塔德勒。在他们的热情引导下，舒伯特游览了施泰尔如诗如画的美景。美妙的自然景色和新结识的朋友点燃了爱与热情的火焰，激荡着舒伯特的心灵。他的天才在那时迸出了火花，写下了著名的《鳟鱼五重奏》。说到《鳟鱼五重奏》，我们不能不提及鲍姆加特纳，他是一位富有的绅士，擅长拉大提琴，喜欢室内乐。他非常喜欢舒伯特 1817 年创作的歌曲《鳟鱼》，当即请舒伯特用歌曲《鳟鱼》的主题为他们创作一部室内乐，这就是著名的《鳟鱼五重奏》。这是舒伯特最早的一部成熟的室内乐，它清新、秀丽、柔和、活泼，简洁中富含细腻的诗意，像一面镜子一样，反映了他在那些明媚的夏日里的美好经历。

SCHUBERT · »FORELLEN-QUINTETT«
Quartett D96
James Levine
hopemusic.com.cn

《鳟鱼五重奏》碟片封面

《鳟鱼五重奏》是在歌曲《鳟鱼》的基础上创作而成的，在长达40分钟的演出中，舒伯特把它分为五章。第一乐章是活泼的快板。钢琴奏出了以分解和弦出现的引子，接着小提琴奏出了优美宁静、朴素安详的主部主题。主题稍作扩展后，钢琴奏出了颇富抒情风格的副部主题，在较严谨的展开部和再现部后，音乐以短小的尾声结束。这个乐章具有温婉、明快、清澈的感觉，优美而浪漫。

第二乐章是行板，整个乐章静谧轻柔，钢琴奏出缕缕飘荡着奥地利北部山岳地带气氛的歌谣风的旋律。接着第二小提琴和中提琴演奏升 f 小调的第二主题，自由不羁的曲调中交织着热情和幽怨的感情，随后 D 大调上出现了舞曲节奏的新旋律，钢琴流利的音韵为音乐平添了几许明澈爽朗的情调。

第三乐章是一首谐谑曲。急速、轻快而精神充沛的主题以及弦乐与钢琴的问答增添了诙谐的气氛，中段是维也纳舞曲风的恬静而又愉快的音乐。

第四乐章是变奏曲式，是全曲的核心部分，以歌曲《鳟鱼》的故事为基础。在欣赏这一乐章之前，我们有必要了解一下歌曲《鳟鱼》所讲述的故事：

明亮的小河里面，有一条小鳟鱼，快活地游来游去，像箭一样。我站在小河岸上，静静地朝它望去，在清清的河水里面，它游得多欢畅。

那渔夫带着钓竿，也站在河岸旁，冷酷地看着河水，想把鱼儿钓上。我暗中这样期望，只要河水清又亮，他别想用那钓钩把小鱼钓上。

但渔夫不愿意久等浪费时光，他立刻就把那河水搅浑。我还来不及想，他就已提起钓竿，把小鳟鱼钓出水面。

我怀着激动的心情，看鳟鱼受欺骗。

脍炙人口的旋律描绘了深山溪流中自由悠游的小鳟鱼。小提琴优美的主题后，钢琴弹出第一变奏，第二变奏由中提琴主奏，第三变奏是借大提琴演奏的浑厚的主题，沉重的音乐似乎令人感到了渔夫的脚步声。第四变奏是强大的和弦和阵阵的哀伤，好像是渔夫投网和小鳟鱼的挣扎，第五变奏大提琴奏出同情和忧伤。尾声中优美的主题再现，诉说着自由欢乐的永恒和美好终将到来。

第五乐章是最快板。华丽而充满力感的音乐充分表现了作者在夏季愉快的旅行中明朗而宽阔的胸怀和对大自然的热爱，最后全曲在愉快明朗的情调和浓郁的青春气息中结束。

舒伯特的创作激情一旦打开，就一发不可收拾。8 月

10 日是弗格的生日，为了给这位忘年交带来一份惊喜，舒伯特以施塔德勒的诗歌为歌词写了一首大合唱献给弗格，作品对弗格演出过的著名角色作了诙谐的暗示，这可以说是献给朋友最好的礼物。的确，对于舒伯特来说，这是一个快乐的夏天：无休无止的郊游、音乐会、即兴演奏会，何况还有那么多漂亮的女士赞美他的音乐，重视他的才能。不久，舒伯特决定离开这里，到不远的林茨去看望另一位好友——施鲍恩，并在这里给麦亚霍佛写了一封信，热情澎湃地告诉他自己现在的生活。

美好的时光总是过得太快，眨眼间，这个美丽的梦幻之夏就要结束了。舒伯特在林茨登上了游轮，踏着尼伯龙根河的银波顺流而下。瓦绍的绿色山坡，杜恩施泰因和克莱姆斯那古老的城镇，宏伟的修道院，都在两岸向他招手问候，仿佛欢迎他下次再来。然而，当舒伯特凝视这美丽的风光时，忧伤又一次爬上他的心头，不禁陷入了深思，在施泰尔的朋友们举办的晚会上他们奏的曲、唱的歌都在他的耳边回响，并在这黎明的芬芳和静寂中更加清晰。随着远方克劳斯特纽堡的塔尖隐隐约约地显现，维也纳已近在眼前，他的思绪也越来越凝重：在这个伟大的城市中，将有什么样的生活等待着他呢？

第4章：收获的季节

奏响《魔琴》

回到维也纳之后，舒伯特表面上过了一段平静无事的日子，但一股内心之火在折磨着他，带着这份激情，他又全身心地投入到艺术创作之中。维也纳是一片艺术的海洋，看到身边丰富多彩的艺术创作，舒伯特的兴趣转向了歌剧。终其一生，舒伯特在歌剧写作上花费了无数的时间，投入了很多热情，一共写出了 17 部歌剧，在他的作品全集中，歌剧占了整整 7 卷。但是，他的歌剧并没有出现预想的效果，无论他生前，还是死后，人们提起他的歌剧都只是轻描淡写地一笔带过。不过，舒伯特第一次公开演出的作品就是歌剧，这在他的一生中是重要的转折点。因此，如果想全面了解舒伯特及其艺术生涯，我们有必要看一看他的歌剧创作。

说起舒伯特创作的第一部歌剧，要追溯到1818年。那年年底，在弗格的推荐下，维也纳皇家剧院委托舒伯特写一部歌剧。经过几个月的努力，到1819年春天，这部名叫《孪生兄弟》的滑稽剧顺利完成。但是，正要公演的时候，大名鼎鼎的罗西尼来到维也纳，一时之间维也纳所有的歌剧院都忙于上演他的作品，《孪生兄弟》被推迟了一年多，一直到1820年6月14日才得以与观众见面。这是舒伯特作品第一次公开演出，由他的好友弗格担任主唱，取得了很好的效果。初次演出时，舒伯特亲自来到了现场。据好友安塞姆回忆，当时舒伯特坐在顶层楼座的最后一排，当看到观众为他的歌剧热烈鼓掌时，他显得非常高兴。毕竟，这对他来说是一个新的开始。当演出结束时，人们要求舒伯特上台，但他拒绝去台上谢幕，因为他穿的是一件破旧不堪的外衣。安塞姆脱下自己的黑色燕尾服让舒伯特穿上，去向观众谢幕，但舒伯特却说什么也不肯。这时台下的呼喊声此起彼伏，舞台监督只好上台说此时舒伯特不在剧院。

听到这时，腼腆的舒伯特开心地笑了。他和朋友们一起去经常光顾的酒店为这次成功的演出举杯庆祝，一直狂欢到深夜。

遗憾的是，当时的舆论界对《孪生兄弟》的评价并不怎么友好。《德累斯顿晚报》驻维也纳的记者是这样评价的：

> 一位年轻的作曲家为剧本谱曲，并首次将其公演。我则要告诫这位天才的年轻人，太多的赞美是没有好处的。公众接受了这部小歌剧，仿佛它就是一部杰作。但事实上并非如此。当然，这部作品本身说明它具有新主题的连贯性和完整性。但是，正如活泼轻佻的音乐不适合于描写英雄主题一样，舒伯特过于严肃激昂的音乐也不适合描写这样一个十分轻松的题材。总的来说，我认为，这位年轻的作曲家应将其才智更多地发挥到英雄题材——而不是搞笑题材——的乐曲中。

这位记者显然通过这部不太成功的歌剧敏锐地觉察到了舒伯特的音乐天才，并准确地指出了《孪生兄弟》失败的原因。因此，在上映6次之后，《孪生兄弟》就被剧院从戏单上划掉了。

维也纳国家歌剧院，舒伯特的《魔琴》曾在此演出

然而，舒伯特并没有气馁，依然以极大的热情从事歌剧创作。从施泰尔返回之后，鉴于对舒伯特才能的信任，维也纳河畔剧院委托舒伯特为一个三幕剧《魔琴》配乐。在作曲激情的驱动下，舒伯特仅用了两星期的时间就完成了总谱，并于 1820 年 8 月 29 日公演。剧院的海报宣传，这是“一出新颖、神奇的三幕音乐剧”。但是，由于剧团排练仓促，表演混乱，并没有被观众看好。一位剧评家刻薄地指出，“没有人知道自己的音部，最先听到的总是词人的声音”，另一篇评论则认为音乐“单调、乏味、格调陈腐”。莱比锡的《音乐报》说：“总谱中随处可见作者的才能，但整体上讲，缺乏技巧，缺乏老手所具有的把握力。绝大部分音乐太过冗长，缺乏艺术性，令人疲倦。”只有舒伯特的密友施来西塔男爵在《交谈报》上发表了一篇很长的文章，以一种热情的口吻写道：

舒伯特在这里赋予广阔天地以展现他诗意般的歌曲创作能力。在这方面他做得十分轻松和彻底。时而我们聆听到了他的音符以梦幻般的舞曲节奏向我们走来，时而强有力的旋律拂过魔力竖琴的琴弦。最能说明他作品的成功之处在于：尽管大部分的演出不够好，尤其是帕尔默林没有能够演绎好他的角色，但是这恰恰与作品优美的旋律形成鲜明的对照。最后请允许我向舒伯特表示感谢，他用不懈的努力以及在舞台上给予我们的天才之无穷智慧之旋律，把我们从已经习惯于沉溺在退化日子的慵懒和愚昧中唤醒。

流传到今天，我们只能看到《魔琴》的部分曲谱，那就是《罗莎蒙德》序曲。从今天的眼光看，这首序曲确实辉煌美妙，非同凡响，是舒伯特最成熟的作品之一。然而，不管怎么样，当时《魔琴》总共只演出了八场，预先谈妥的报酬，剧院分文未付，舒伯特的歌剧第二次遭遇了失败。年轻的舒伯特受到了打击，但没有气馁，因为他只有 23 岁，还很年轻，要知道在这个年龄就公开演出了两部歌剧的人是非常少见的。于是，经过一段时间的调整后，舒伯特又开始了新的征程。

1821 年，舒伯特与索伯合作，开始写一部新的歌剧《阿尔夫朗与艾丝德拉》。与以往提前由剧院预定不同，这次创作没有得到任何一家剧院的委托，其演出的机会更是极其渺茫。可是这丝毫不能阻止舒伯特的创作热情。创作的日子是艰苦的，也是幸福的，每当索伯写完一幕，舒伯特就立刻为之谱曲，每天都工作到深夜，直到 1822 年 2 月完成整部作品。对舒伯特来说，这是一段充实的日子，不愁衣食、无牵无挂，对未来的憧憬和对生活的热情塞满了胸膛。

舒伯特和索伯一心指望在《阿尔夫朗与艾丝德拉》上获得成功，他们选择了当时歌剧中最时尚的题材：爱情、阴谋、离怨、团圆。这是典型的意大利式歌剧的情节，也是舒伯特唯一一部“大”歌剧。在这部歌剧中，他毫不犹豫地模仿意大利歌剧的风格，决心在意大利人的天下与他们一比高低。舒伯特倾注的心血没有白费，他的戏剧表达手法有了很大的进步。他效法格鲁克、莫扎特和韦伯，合唱曲具有和谐、华贵的特征，旋律相当优美，乐器配置也经过精心设计，随着剧情的起伏而不时出现高潮。著名的音乐家李斯特高度评价了这部歌剧：“阿尔夫朗充满激情和忧郁的求爱场景，有力的富于节奏感的管弦乐伴奏，写得和威尔第，而且是一个成熟的威尔第一样出色。”但这种不吝言辞的赞赏并没有促使这部歌剧赢得认可。尽管舒伯特和他的朋友奔走多次，维也纳所有的剧院都拒绝上演这出歌剧。终其一生，舒伯特都没有看到或听到自己的杰作。直到他去世二十多年后的 1854 年，《阿尔夫朗与艾丝德拉》才在李斯特的指挥下首次登上舞台，但并没有引起听众强烈的反响。

1823 年，舒伯特最后一次鼓足勇气，为在歌剧写作上获得成功而苦苦奋斗。当年的 3 月到 4 月，心情暗淡的他又创作出情绪昂扬、格调欢心的一幕歌剧《密谋者》。这是目前舒伯特唯一能偶尔得到上演机会的歌剧，该剧借鉴了古希腊戏剧家阿里斯托芬的题材，讲述了一个浪漫而热闹的故事：

> 在中世纪的时候，欧洲骑士们准备出发去征讨异教徒，把妻子撇在家里。妻子们深感受到冷落，心中愤愤不平。于是，其中一位吕登斯坦伯爵夫人邀请各位妻子来家里做客，席间妻子们纷纷声讨自己的丈夫，共同起誓再也不准丈夫和她们亲近。吕登斯坦伯爵的贴身仆人探听到了这个秘密，告诉了伯爵。伯爵和其他骑士怒气冲冲地回到家中，也以同样冷淡的态度对待妻子。最后的收场是皆大欢喜的，妻子们随丈夫共同出征，她们腰悬佩剑，身穿盔甲，帮助丈夫击败敌人。

这部歌剧深受莫扎特、韦伯风格的影响，但也有舒伯特自己的特色。在最重要的“起誓”一幕中，伯爵夫人以女高音主唱，妻子们合唱衬托，弦乐的颤奏和伸缩喇叭的伴奏给这一场景增添了生动鲜明的喜剧色彩。在得知密谋的伯爵回到家后和夫人应对的咏叹调中，对夫妻情绪变化作了细致入微的描绘，也给人留下了深刻的印象。遗憾的是，这部歌剧在舒伯特生前也没有公开演出，直到 1861 年 3 月 1 日才得以在维也纳首演，同年 8 月在法兰克福第二次登上舞台，后来又曾经在法国演出过几次。不过，总的来说，这部歌剧上演的次数极少，欣赏者更是寥寥无几。

1823 年 5 月，舒伯特受剧院的委托又开始创作三幕歌剧《费拉布拉斯》，接着他又完成了《塞浦路斯的罗莎蒙德》。从质量上说，这三部歌剧大大超过了早期的水平，但只有《塞浦路斯的罗莎蒙德》得到演出的机会，而且只演出了两次。从此之后，舒伯特再也没有创作歌剧。

舒伯特在歌剧上付出的心血最多，失败也最惨重。从 1818 年到 1823 年，舒伯特在歌剧领域苦苦奋斗了整整五年，却始终毫无成果。他失败的原因是复杂的。一方面，他得到的剧本很差，不是内容贫乏，就是过于夸张，难以激发他的音乐灵感和想象力。舒伯特对如何赋予诗歌以音乐生命有着无与伦比的直觉，但这种直觉遇到更复杂更宏大的歌剧时，似乎就遽然消失了。另一方面，他的失败和当时的社会时尚和音乐风气有着很大的关系。在舒伯特的时代，意大利风格的歌剧在舞台上占据着统治地位，无论剧院的经理、观众，还是歌唱家，都不想要德国式歌剧。当时的歌剧有着严格的传统规矩，始终在舒伯特面前设置了重重阻碍，终其一生，都少有机会在歌剧创作中崭露头角。

1823 年之后，舒伯特停止了歌剧创作，再过五年，他就永远告别了人世。我们不禁遐想，如果天假以年，舒伯特究竟能不能创作出面目一新的歌剧？假如他能得到优秀的剧本，一个人物真实、场景可信、深刻动人的剧本，而不是风气所趋的华而不实的大杂烩，那么他内在的杰出的戏剧性力量会不会被激发出来？

锒铛入狱

对舒伯特来说，1820 年是非常重要的一年，这一年他有两部歌剧首演，室内乐取得了突破，但这一切都被一次意外的入狱所打断……

谈到这次入狱，要从法国大革命说起。18 世纪末，震惊世界的法国大革命爆发，动摇了整个欧洲封建统治的基础，也让腐朽的奥地利帝国看到了自己的未来。1805 年和 1809 年，拿破仑的军队入侵奥地利，维也纳经历了两次战争。战争很快就结束了，维也纳不久就恢复了昔日的和平，但它的精神受到重创，尤其是在 1815 年以后的 30 年间，奥地利帝国向外拓展，外表安定团结，内部危机重重。国王佛兰兹一世和他的首相梅特涅一再加强专制统治，把奥地利变成了一个警察国家。从 1819 年起，政府对图书、言论、音乐和报刊都采取了十分严厉的审查制度。政府当局甚至鼓励人们对艺术家和自由思想家进行监督，因为他们相信，如果这一类人决定向现行制度发起挑战，那将是对政府的一个极大的威胁。

警察的魔掌最终没有放过舒伯特狭小的音乐空间。1820 年 3 月的某个夜晚，舒伯特正和好友们在诗人约翰 · 塞恩的住处聚会，这时警察冲了进来，指控塞恩说过反对警察局长的言论。在接下来爆发的一场混乱中，舒伯特的一只眼睛被打得青肿，塞恩、舒伯特和几位同伴被捕入狱。

塞恩是舒伯特在寄宿学校学习时的好朋友，他研究法律，以教富家子弟为生，并以诗歌出名。他后来回忆自己的年轻岁月，从中我们可以窥见那个时期知识分子和艺术家的生活状况：

> 1813 年到 1815 年，德国人为自由而进行的斗争，事后在奥地利也引起了强烈的精神动荡。当时的维也纳自发聚集了大批优秀的、相互为伴的年轻作家、诗人、艺术家和文化人，这是这座帝都从未见过的。这群人解散后，在各个方向都为未来播下了种子，生根发芽……

在交给警察总长的官方报告中，详细说明了“塞恩的顽固和傲慢态度”。塞恩大胆地向当局宣布了自己的想法，说“他根本不怕警察”，还说“政府太愚蠢了，根本无法看穿他的秘密”。该报告还进一步说，“舒伯特，来自罗骚的学校助教”，以及约翰·采欣特、法律系学生约瑟夫·冯·斯坦因斯堡、布鲁赫曼，“他们以同样的声音对抗当局的官员，还说他的语言侮辱人、不敬”。因此，塞恩将被当局审判，而其他四个参加者将被“招来予以训斥”。同时，警察还决定，要告诉斯坦因斯堡和布鲁赫曼的父亲“他们儿子的行径”。

大约是某些高层人物的保护，或者他作为组曲家的名声的影响，舒伯特似乎逃过了惩罚，但他毕竟被卷入了一个非常严重的事件之中，这意味着他现在有了案底。在当时的官僚体系中，几乎一切都需要警察局的同意——就业、结婚、旅行、出版等，因此留下案底是一个很大的麻烦。这对他产生了深刻的影响，以致这段时间的笔记都发生了明显的变化。然而，对塞恩来说，这个事件的后果将是毁灭性的。审判之后，塞恩被拘禁了 14 个月，当他重获自由的时候，却被终身驱逐出维也纳，从此舒伯特再也没有见过他。

然而，大家从来没有忘记塞恩。实际上，他的影子总是笼罩在这个圈子周围。布鲁赫曼的生活并没有像塞恩一样受到这么大的影响，他继续与塞恩保持通信，支持他，鼓励他。他们 1822 年在因斯布鲁克见面时，他发现塞恩仍像以前一样激进、热情。那次旅行回来之后，他带回了塞恩的两首诗，不久舒伯特就为它们配了乐。

这一年，还发生了一件让舒伯特饱受打击的事情：在长达三年的等待之后，他的初恋情人特丽莎披上了婚纱，作了别人的新娘。特丽莎是舒伯特的邻居，比他小一岁。特丽莎一家都非常喜欢音乐，他的哥哥是个经营有方的商人，在钢琴和风琴演奏上也有很高的造诣。他们一家对舒伯特十分友善，经常请他来做客。特丽莎有一副圆润可爱的高音嗓子，在教区合唱团担任独唱歌手，常和舒伯特一起排练。1814 年 10 月的一天，舒伯特的 F 大调弥撒曲在教区教堂演出，17 岁的舒伯特担任指挥，16 岁的特丽莎唱女高音。两个人配合得非常默契，演出获得了成功。音乐使两个不谙世事的年轻人相互吸引，拉近了彼此的距离，正是从这部弥撒曲开始，他们就暗暗种下了感情的种子。1815 年，舒伯特在致朋友的信中吐露了对特丽莎的爱慕之情，沉浸在初恋中的舒伯特为特丽莎写下了大量歌曲——《爱的醇酒》、《悲伤的爱》、《爱的呼唤》、《初恋》、《一切为了爱》、《秘密》……他从来没有像在这个时期这样广泛地探索爱的主题和阅读爱情诗歌。

然而，由于各种原因，他们的恋情没有继续下去。1820 年 11 月 21 日，特丽莎在家庭的压力下最终违心地嫁给一个有稳定收入的面包师。看着自己的初恋情人成为别人的妻子，年轻的舒伯特又一次尝到了痛彻心扉的滋味，这在他同年 12 月初创作的 c 小调弦乐四重奏中表露无遗。在这部四重奏中，我们突然看见了一个面目一新、独一无二的舒伯特的世界。汩汩流动于其间的和声大胆有力，充满创造性，描绘出郁郁沉思的境界。乐章的开始部分在趋近结尾的时候重新出现，但狂喜的气息消失，那明亮的光辉仿佛被狂风所扑灭，只剩下绝望的情感在旋律中回旋——这正是舒伯特当时心情的写照。

多年以后的一天，舒伯特和好友安塞姆在郊外散步，安塞姆问起他是否谈过恋爱，舒伯特深情地回忆了这一段感情：

> 我曾经很爱一个姑娘，她也爱我……她比我小一岁，在我写的一部弥撒曲中唱女高音，唱得很美，很有感情。她算不上漂亮，脸上有雀斑，但她善良，有一颗金子般的心。三年来，她一直希望我能娶她，但我找不到能够养活我们的职业。后来，她终于屈从于家人的愿望嫁给别人，这对我的打击很大。我仍然爱着她，从那以后，没有人能像她那样吸引我。我想她不能嫁给我，是上帝的意志。

确实如此，正是因为这段刻骨铭心的感情，舒伯特终身未娶，孑然一身，孤独地走完了他短暂而辉煌的一生。

舒伯特用过的吉他

舒伯特之夜

尽管有各种非议和批评，对于年仅 23 岁的舒伯特来说，1820 年两部歌剧的公开演出无疑是值得高兴的成就，毕竟他已经引起了人们相当程度的关注。之后，新的乐季开始了，它改变了舒伯特的地位，为他与不同类型的观众的关系奠定了基础——这就是“舒伯特之夜”。

当时的维也纳有三种互相关联的音乐活动领域：私人领域、半公开领域、公开领域，每个领域都有形形色色的听众和演奏者。这些人之间的区别不在于他们的社会阶层，而更多是基于曲目、兴趣、地点的差别。维也纳有众多的剧院和公开的演出场所，但更多的音乐活动都在私人家里进行。对“亲切的”舒伯特来说如此，对“公开的”贝多芬和罗西尼来说也是如此。实际上，贝多芬的大量器乐作品和罗西尼的歌剧都被不断的家庭化，被改编成钢琴作品以及业余音乐家所能想到的任何乐器组合。贝多芬本人就曾经把自己的《第二交响曲》和《七重奏》改编成钢琴三重奏，因为交响曲和弦乐四重奏常常需要更大、更专业的队伍，一般家庭音乐会很难做到。

当家庭音乐风靡整个维也纳的时候，舒伯特的歌曲也随之传到每个人的心中，而“舒伯特之夜”就是其传播的媒介。所谓的舒伯特之夜，是一些没有公开宣传的私人音乐会，这些音乐会主要或者全部演奏舒伯特的音乐。这些活动往往是舒伯特富有的朋友举办的，其中的节目有独奏、跳舞、吃饭、饮酒等等。“舒伯特之夜”形式灵活，人数不定，频率不一，有时只有几个人，有时则多达上百；有时几乎每周都聚会，有时则一年也没有一次。甚至有时候舒伯特本人都不在场，据鲍恩菲尔德回忆说：“很多‘舒伯特之夜’只好在没有舒伯特参加的情况下进行，也许当时他恰好心情不顺，或者某一两个客人不对他的脾气。”尽管如此，“舒伯特之夜”既迷住了舒伯特的好友，也迷住了一些关系远一些的熟人。在这些美妙的晚上，舒伯特常常自己演奏，一般是给弗格、卡尔·索恩斯坦因等歌手伴奏，有时候他也唱歌或即兴演奏。曾经有人批评舒伯特的“音乐社交”，舒伯特可能有借助音乐扩大自己的社交圈、提高自己声望的想法。可是，从他在“舒伯特之夜”上的表现我们可以看得出，舒伯特是想愉悦他的听众，同他们进行直接的沟通，不是沽名钓誉，而是真心交流。我们不应该低估这些聚会给舒伯特带来的满足感，每个作曲家都希望有听众，舒伯特更是希望在他最在意的家人和朋友中找到热情、忠实的听众。

舒伯特的艺术成就有一个显著的特点：虽然一首歌或者一首钢琴小曲很短、很亲切，很容易陷入平庸，但在他手里，这样的小型作品常常获得了少有的深度和含义。可见，“舒伯特之夜”只需要一件乐器、一些作品和一个想把自己沉湎在舒伯特音乐中的心情。“舒伯特之夜”是一种活动，但更多的是一种心情，因此它一直持续到今天，演变成如今全世界各种舒伯特音乐会和节日。

随着“舒伯特之夜”的兴起和流行，舒伯特的影响逐渐扩大，他的名字在维也纳音乐界已经家喻户晓，他的作品也越来越受到半公开或公开的音乐会的重视。1821 年 3 月 7 日，“为了促进善良和公益的贵族夫人协会”在康顿剧院举行了一次公益音乐会，舒伯特成为节目单上的主角，其他的作曲家有莫扎特、施波尔、吉洛维奇、沃里塞克、布瓦埃尔迪厄和罗西尼。在这次音乐会上，舒伯特的《魔王》首次公开演出，受到了观众的热烈欢迎，安瑟姆·胡登布莱纳是这样描述这次活动的：

> 弗格唱得十分动听而且动情，观众要求他把《魔王》再唱一遍。我在康拉德伯爵的一架很大的新钢琴上，作钢琴演奏。舒伯特本来能像我一样娴熟地演奏自己的作品，但他太害羞了，不肯自己伴奏，而只是站在我身边为我翻乐谱，就感觉很满足了。

施鲍恩永远不能忘记，“满堂观众对作曲家和歌手给予了多么热情的关注，多么热烈的掌声”。批评家们也无一例外地看出了舒伯特的音乐天赋：“弗格唱得好极了，《魔王》早就轰动了，这是音乐的杰作”；“音乐表现出很强的想象力，有几个段落理所当然地得到了公众的称赞”；“富于想象和情感的作品”；我们“希望年轻的作曲家在他的第一次成功演出后能有好运，弗格在私下场合和公开音乐会上的精彩演出，赢得了观众的热烈赞扬”。

这次《魔王》的演出对舒伯特具有决定意义，大大提高了他在维也纳，乃至整个欧洲音乐界的声誉。随后，舒伯特的音乐开始在其他重要的场合演出，有私人场合，也有公共场合。例如，在“音乐之友协会”的音乐会上，在

该舒伯特专辑碟片封面反映的正是当时的“舒伯特之夜”

“罗马皇帝”和卡恩特内托剧院，在维也纳音乐学院学生的演奏会上，在音乐学会为庆祝佛兰兹皇帝生日的宴会上，以及在其他各类场合里，他的作品都博得了大批身份显赫的观众的欣赏和赞美。与此同时，一些主要的音乐与艺术期刊的评论家们也越来越多地介绍舒伯特及其作品，他的名字无数次出现在文章和评论的标题里。例如，1822 年 3 月 25 日，《维也纳艺术杂志》刊登了一篇详尽评论舒伯特抒情歌曲的文章，题目是《舒伯特歌曲一撇》。在这篇文章中，作者热情洋溢地写道：

> 舒伯特的艺术歌曲无可争议地表现出他有极高的天分与才华，堪称艺术歌曲之最。这些作品使得人们已经降低水准的品位又恢复到了原来的水平。真正的天才有一种力量，使之永远不会随着岁月的流逝而从人们的记忆中消失。神圣的火花在灰烬中掩藏，随时会在祭奠偶像的圣坛上燃烧，只需一息天才便能将它燃成一团热情的大火。这东西只能意会而不可言传……我认为尽管我没能再进一步剖析舒伯特音乐的特点，但我已经说得足够多了。当我们第一眼看到他的作品时，每个人都会从心灵深处受到这完美的天籁之音的强烈震撼时，最好不要让人提出类似吹毛求疵的问题，如“这种形式对吗?”“难道不能找到更好的吗?”“其他大师对此有没有预见?”每一位天才都有他自己的衡量标准，它常常源于一种内心感受的启发；这种感受包括最深层的内心意识，最高的才智，以及在品评优秀作品时应具备的广博知识。

天才的舒伯特终于得到了社会的广泛认可，从此舒伯特进入了人生最幸福、最愉悦的一段时光，其中最令他兴奋的是他的作品即将结集出版。

作品出版

到1821年的时候，“舒伯特之夜”已经处于顶峰时期。虽然舒伯特的名字在维也纳已经家喻户晓，但直至那时他还没有一首歌曲被有名望的音乐出版商们出版过。要知道，在当时的维也纳如果能够出版自己的作品，那对音乐家来说将是一件名利双收的事情，不仅能赚到很多钱，而且会引起音乐界的关注，从而获得更多的演出机会。但是，舒伯特不善于与出版商打交道，而且缺乏相关的经验，于是把出版的事情全部委托给他的朋友们。

事实上，五年之前他的朋友们就已经计划出版舒伯特的作品，他们打算出版八卷歌曲，其歌词分别是席勒、克洛普施托克、马迪松、赫尔底、萨里斯－席维斯等人的诗，但不知道什么原因，这个计划最终没有实现。在计划实施的过程中，施鲍恩曾经于1816年春天给歌德写信，希望引起他的注意，不过歌德显然没有注意到舒伯特的天才之处。但施鲍恩他们并不气馁，第二年他们把《魔王》寄到莱比锡一家著名的出版公司，但也遭到了冷遇。令人啼笑皆非的是，当时德累斯顿也有一位名叫弗朗茨·舒伯特的音乐家，出版公司认为这是有人在冒用他的名字，最终把作品退到了德累斯顿。这位音乐家在看到寄给他的《魔王》之后，写了一封措辞激愤的信："我从来没有写过有关《魔王》的大合唱，但我会努力找出这个杂烩之作的寄出人，并找出谁在盗用我的名字，干如此卑鄙的事情。"莱比锡的这家出版公司因而没有理会舒伯特朋友的推荐信，事情最后不了了之。

几年后，经过1820年、1821年大受欢迎的私下、半公开和公开的演出，出版的时机终于成熟了。尽管如此，出版计划还是遭遇了不小的挫折。考虑到《魔王》是舒伯特最受欢迎的作品，朋友们决定先从这部作品入手。他们联系了几家出版商，其中包括著名的杜比亚斯·哈斯林格和受人尊敬的安东尼奥·迪亚比里，但他们都不愿意出版，因为"作曲家还没有名气，以及钢琴伴奏的难度太大"。然而，舒伯特的支持者们并没有止步于困难，他们决定自行出版这部旷世杰作——《魔王》。很快《魔王》就印制成册，那么它的销售情况如何呢？据朋友们回忆，在舒伯特父亲家举行的一次“舒伯特之夜”音乐会上，当宣布《魔王》已经出版的消息时，大多数与会者都抢着购买，当晚就卖出了近100册——这在当时是非常不错的销售成绩。这让大家欢欣鼓舞，从售书中赚得的收入使其他作品的出版成为可能，他们甚至计划再出版12首其他歌曲。想想五六年以前，舒伯特想出版哪怕一首歌，都遇到了重重挫折，而他实际出版的第一首歌就获得了如此的欢迎，这之间形成了鲜明的反差。

出版商迪亚比里一开始对舒伯特的作品持怀疑态度，但这怀疑很快烟消云散，用施鲍恩的话说就是：“魔法解除了，出版商逐渐接受了他的作品。”迪亚比里最终相信舒伯特的作品具有很高的商业价值，同意以约稿的方式出版舒伯特的其他作品——这种做法在当时是要承担很大的商业风险的。这一冒险的尝试最终取得了成功，1821年和1822年，舒伯特的歌曲共出版了11次（作品1—8和12—14），其中共包括32首歌曲。《魔王》和《纺车旁的甘泪卿》有单独的作品号，分别是1号和2号，其他歌曲则都分成组，每组2—5首。其中最著名的组歌有《野玫瑰》、

《流浪者》、《不倦的爱》、《爱人的身边》等。这两年出版的唯一非声乐作品是9号，分为上下两卷，共收录了36首圆舞曲，其中有舒伯特最喜欢，也是最著名的作品《哀悼圆舞曲》。他还发表了三首迷人的主调合唱曲，由两个高音、两个低音来唱，变为作品11号。在这些小型作品之后，很快出版了两个比较大的钢琴作品，一个是基于一首法国歌曲的8首变奏《献给贝多芬》，作品10号，另一个是《流浪者狂想曲》，作品15号。在剩下的日子中，舒伯特一直不断出版歌曲、舞曲、主调合唱曲、钢琴音乐，这些是他出版作品的主要部分。从1821年到他逝世，舒伯特将近有100部作品得以刊行，但这个数目与他的作品总数相比，依然少得可怜，而且基本上都是歌曲。

作品的出版给舒伯特带来了丰厚的收入，他十几首歌曲就能获得一个小公务员一年的收入。在此之前，舒伯特穷困潦倒，经常四处举债，第一次领到稿酬时，舒伯特的朋友们立刻替他偿还了所有的债务。尽管如此，终其一生，舒伯特还是一直被贫穷困扰，经常处于入不敷出的境地。这要从舒伯特的性格和对金钱的态度说起。尽管有许多知心好友，舒伯特仍然是个性格内向的人，浑身充满了浪漫主义气息。他把一切都投入到音乐中，没有额外的精力，总是处于梦想状态，痴迷于他的艺术作品本身的创作上。听他的歌曲，我们可以分明地感受到他梦幻般的浪漫主义情怀，这一点在他的诗作中也有所表现。1825 年，舒伯特写了一首名为《我的祈祷》的诗，其中表露出他的浪漫思想和想要将自己的平凡的生活升华到一个理想公正的境界的追求：

深深的渴求，神圣的恐惧，
都只为升入一个更美好的天地。
愿上天冥冥的空间，
充满无限的爱之美丽。
哦，万能的天父，请将你子赐予我，
作为报答你的忧伤之酬劳，
并让他努力从善，
最后赢得您爱的永久之甘露。
看呵，尘埃终被驱散，
只有恐惧无声的祈祷，
不死的悲哀留在我一生中，
就在无边的眼前。
在望穿不尽的溪水中，
先杀死它吧，最后再杀死我。

啊，全能的上帝，让我，

更强壮些吧，让我有一次更纯洁的再生。

正是这种浪漫主义情怀成就了舒伯特音乐艺术上的巨大成就，但也是这种浪漫主义使得舒伯特忽视实际生活，缺乏必要的经济头脑。在他看来，只要能创作，一切都可以忍受，他敏感、腼腆的性格和缺乏实际生活经历决定了他轻忽，甚至忽视金钱的性格。每当他收到出版商送来的酬金，就经常和他那些酒馆朋友们泡在一起，花钱毫无节制，以致经常向出版商祈求更多的资金支持。更严重的是，在朋友们的鼎力支持下，他的作品得以出版，但他却无意为了提高报酬去和出版商交涉。他几乎从来不主动出击，去努力为自己的作品赢得更多的实惠，甚至经常在交易中做傻事。按照《魔王》等歌曲首次出版的成功情况，他本可以从中获得可观的收入，并继续保留这些作品的所有权。但出版商迪亚比里私下向他提议以 800 弗罗林的价格一次性买断他头 12 部作品的版权，缺乏商业头脑的舒伯特轻率地接受了这笔交易。包括早期的收益在内，舒伯特从这 12 部作品中一共得到了 2000 弗罗林，平均每部作品的报酬只有 166 弗罗林，而且他以后再也得不到任何收益。听到这个消息，朋友们都很愤怒，为他感到惋惜，但舒伯特却显得很坦然，只是一笑置之。

尽管我们为舒伯特没有从自己的作品中获得相应的收益感到愤愤不平，事实上这笔钱对他以后的生活非常有帮助，但对他来说，金钱只是浮云。和许多艺术家一样，舒伯特憎恨艺术被沾上铜臭味。只要能满足最低的生活需要，对他来说就足够了。

舒伯特肖像

第5章：黑暗中突围

身患重病

1821 年初，舒伯特与麦亚霍佛的友情出现了裂痕，于是决定搬走，租屋而住，这是他一生之中第一次独居。我们不知道究竟是什么原因导致两人的分裂，据推测可能是关于美学的争论，或者麦亚霍佛的专制态度，或者更私人的问题引发的冲突。麦亚霍佛在 1829 年回忆舒伯特时隐约给出了答案："我们住在一起后，我们的秉性暴露了出来，而且两人的个性又都特别强，因此早晚会产生矛盾。"

1821 年 6 月，舒伯特和索伯来到距离维也纳 20 英里的阿岑布鲁格度假。索伯的伯父在那里有一大片庄园，特地拿出一个小城堡给索伯和舒伯特使用。索伯每天都在城堡里设宴招待朋友，后人称之为“阿岑布鲁格盛会”。整个夏季，他们远足、跳舞、唱歌，尽情享受美酒佳肴的幸福时光。这期间，他们两人联手创作了一部歌剧《阿尔夫朗与艾丝德拉》。之后，舒伯特又满怀激情地写了一首新的交响曲，很快就完成了前两个乐章，但是就在此时他停笔了——这就是《未完成交响曲》，交响乐中的“流行乐”。现代人认识和喜欢舒伯特多是从这首曲子开始，凭借这部《未完成交响曲》，舒伯特跻身最伟大的音乐家行列。

那么，是什么原因使舒伯特没有完成这首交响曲呢？就在那一年的夏天，舒伯特患上了可怕的梅毒。对才华横溢、崭露头角的舒伯特来说，1822 年是最不幸的一年，是他人生的分水岭。本来从 1820 年开始，舒伯特生活的各个方面似乎都充满了希望。他的名字日益为公众所知，他的歌剧有机会上演，他的歌曲风靡整个奥地利。可以说，之前的舒伯特无忧无虑，前途无量，但疾病霎时间改变了一切。

尽管现在治疗梅毒已经没有什么困难，但这在当时是一种根本无法治愈的绝症，舒伯特的心情因此大变。患病之后，由于索伯要去格拉斯劳住两年，舒伯特搬出了索伯的住处，回到父母家中住了半年。经过半年多精心的治疗，可怕的梅毒终于得到了初步的遏制。尽管如此，他却不相信能够就此恢复健康，他在给索伯的信中写道：“我身体还可以，但我怀疑自己能否完全康复。”从此，舒伯特一直生活在悲观和失望之中，他过着极其简朴规律的生活，每天散步、写作、读书。1824 年 3 月 31 日，舒伯特给当时正在罗马学习的利奥波德·库帕维泽写了一封长信，从中我们可以看到舒伯特患病后十分忧郁的心情：

亲爱的库帕维泽：

我一直想给你写信，但又不知该怎样写才好。现在通过斯米尔什，我终于有了一个机会向某人倾诉我内心的思想。你真好，那么善良，我知道对于许多不好的事情你会谅解的。简单地说，我现在正在感受着人类最不幸、最悲惨的事情：健康永远不会再恢复到原来的样子了。我对一切都很绝望：事情变得越来越糟糕。就像一个人曾有的光明与希望现在都消失殆尽。他从爱情与友情中得到的只有痛苦和创作灵感。美好的事情正在变味，威胁要将我彻底抛弃。我问你这是不是一个不幸和倒霉的人呢？“我心绪不宁，心情沉重，

舒伯特《未完成交响曲》部分曲谱 1

我永远不会再找到她了。”（歌德《浮士德》中玛格丽特之歌——译注）我现在每天都可以深有感触地唱这首歌曲。每晚我睡去时都希望不再醒来，每天早晨醒来后，昨日的哀伤又爬上心头。所以，我不再快乐，在没有朋友的情况下度过我的时光。除了施温特常来看我，给我带来一些过去甜美时光的美好记忆之外，我已经没有快乐可言。

在这封信中，舒伯特还提及他没有写什么新的艺术歌曲，只写了一部弦乐四重奏和一部八重奏。他还告诉库帕维泽一个好消息，即贝多芬打算举办一场音乐会，其间要演奏他的《第九交响曲》和一部新弥撒中的几个片段。这让舒伯特萌发了举办个人音乐会的念头，不过这种想法直到他去世之前不久才得以实现。

曾经的“舒伯特之夜”是他最喜欢的活动，不过，自从舒伯特患病和索伯离开之后，这些音乐会再也不像以前那样令人愉悦了，只有最热爱的音乐和最亲近的朋友才是他的精神依托。1823 年 11 月，他在给索伯的信中写道：

亲爱的索伯：

首先我得为我们的圈子和周围的一切发一声长叹，

> 除了我的身体看起来终于确定无疑地复原了，什么事情都在走下坡了。我们的圈子，就和我从前估计的那样，没有你，就没有了中心人物……和这么多庸俗的学生和官吏待在一起有什么乐趣呢？……几个小时过去，除了没完没了的闲谈——骑术啦、击剑啦、赛马啦、打猎啦，就什么都听不到。如果再这样下去，我很快就不会再忍受他们了。
>
> ……我现在盼望恢复健康，这失而复得的宝贝，将让我忘掉许多痛苦。只有你，亲爱的索伯，我永远不会忘记。没有人比得上你对我的意义！

疾病改变了舒伯特的生活，改变了舒伯特的音乐风格，但并没有改变他的音乐天才。事实上，舒伯特很多广为流传的音乐都是患病前后完成的。正如诗人顾城所说的那样，“黑夜给了我黑色的眼睛，我却用它来寻找光明”，疾病的折磨给舒伯特带来了无限的痛苦，但这种痛苦又在无形中增强了舒伯特音乐的魅力。

《未完成交响曲》

谈起舒伯特，大家首先就会想起他的《未完成交响曲》。这部作品是他患病之前的杰作，正是因为疾病的困扰，舒伯特才停止了创作，才留下了音乐史上的“断臂的维纳斯”。舒伯特一生共作了10首交响曲，其曲目和作曲时间如下：

1.《D大调交响曲》 1813年

2.《降B大调交响曲》 1814—1815年

3.《D大调交响曲》 1815年

4.《C大调交响曲》 1816年

5.《降B大调交响曲》 1816年

6.《C大调交响曲》 1817年—1818年

7.《D大调》草稿 1818年

8.《降E大调》全部草稿 1821年

9.《降 b 小调未完成交响曲》　1822 年

10.《C 大调交响曲》　　　　1828 年

在这十首交响乐中，最著名的、最为人熟悉的就是《未完成交响曲》。《未完成交响曲》诞生于 1822 年，在舒伯特染上梅毒之前已经完成了前两章。疾病改变了舒伯特的一切，之后，他再也没有接着写下去。1823 年 10 月，舒伯特把《未完成交响曲》的手稿夹在一个笔记本里，整整 40 年不为人知。直到 1860 年 3 月，安塞姆的弟弟约瑟夫在致友人的信中提到它，才引起世人的注意。当时他在信中是这样说的："（安塞姆）保存着舒伯特的一部《降 b 小调交响曲》，弥足珍贵，我们认为可以和他伟大的《C 大调交响曲》……以及贝多芬所有的交响曲相提并论。不过，它没有被写完。"1865 年，在舒伯特去世 37 年之后的 1865 年 12 月 17 日，在奥地利指挥家赫贝克的指挥下《未完成交响曲》首次由积满灰尘的白纸变成流动的声音。下面，就让我们一起去欣赏这部"完美的残缺之作"吧！

这部作品的演奏时间约 22 分钟，第一乐章是用典型的奏鸣曲式写成的，b 小调，3/4 拍，中速。大提琴和低音提琴从极低的音区轻轻奏出一个简短的引子，仿佛一颗漂泊的心在颤动——这个主题是整部交响曲的核心。一下子，你的心灵似乎被揪紧，一种陌生奇异的悲哀轻轻呼唤你的灵魂。与其说它神秘，不如说它充满对命运的迷茫和预感：它令人神伤，可又别有一种柔弱的甜美。把它和贝多芬的《命运交响曲》的开场白对比，立刻便可以明白为什么舒伯特会有“女贝多芬”的别号。贝多芬的人生态度是战斗，“扼住命运的咽喉”，舒伯特的态度是隐忍。舒伯特渴求遁入另一个能够安慰我们、拯救我们的天地。他是流浪的异乡人，命运对他不公平的时候，他的态度是忍受，而非对抗，他的受苦和牺牲里自有一种感人肺腑的伟大。

引子之后，小提琴的碎弓打破暂时的沉寂，16 分音符动荡的音型和低音弦乐器的拨奏，仿佛枯叶在秋风中飘落。这时，单簧管、双簧管齐奏，吹出如泣如诉的主部主题，抑郁的小二度音调压迫着高昂音调的奋起。这个柔弱哀怨的歌唱性主题如果只用单簧管演奏，会显得太冷淡；如果只用双簧管，却又会失于甜腻。在音乐设计上，弦乐惶惑不安的音型和主题的悠长哀怨之间，小提琴在较低音域的碎音和高高飘在上面的主旋律之间，形成了鲜明的对照，增加了音乐空虚孤寂的感觉。

小提琴持续不断的 16 分音符，在主题做完整的呈现之后，自然地把音乐发展下去。在主部和副部之间，没有戏

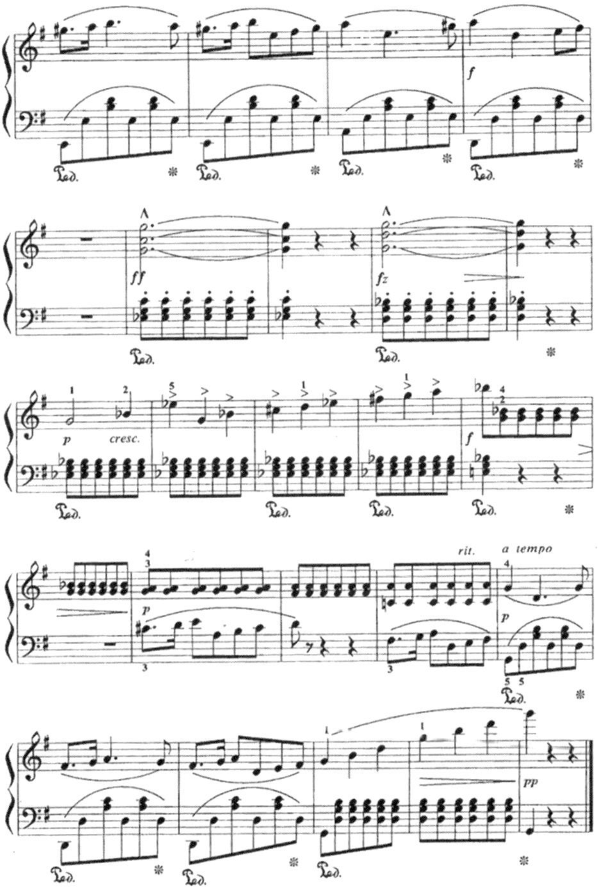

舒伯特《未完成交响曲》部分曲谱2

剧性的矛盾冲突，大管和圆号奏出一个简短的接句，举重若轻地转换了调性的色彩。音乐情绪骤变，柔和的圆号轻轻拨开哀怨的黑幕，在中提琴和一对单簧管轻盈流动着的切分节奏上，深厚的大提琴声部奏出温婉如歌的建立在G大调上的副部主题。它有着鲜明的对比性和歌唱性，和声淳朴，色彩明净，充满生机，令人联想起《冬之旅》中《春梦》的意境："在严寒的冬天里，我却做着春天的梦。"

紧接着，小提琴叠着大提琴的尾音开始复述整个副部主题，第一小提琴和第二小提琴以八度平行出现，但旋律只停留在导音上，造成一种非常奇特的"悬而未决"的效果。切分的伴奏中消失了中提琴的声音，却响起大管和圆号，力度很弱，旋律仿佛像幻影一样悄悄地飘荡而起，安详恬静，真挚温暖。忽然，旋律终止在不稳定的"7"这个音上，整个乐队缄默一小节之后，爆发在g小调和E大调上的强劲的和弦，总谱上出现了十分醒目的力度标记ffz。管弦乐强劲的全奏，从低音区向上挺进的弦乐震音，把人们从悲哀的梦幻中唤醒，鼓舞着去攀登生命的高峰。

在总谱的第114小节之后，音乐进入了展开部。展开部完全由引子的素材发展而成，可是阴郁沉思的形象在这里却发展成为悲痛和奋争的激情。配器仍然是大提琴和低音提琴，但引子主题的调性由原来的 b 小调变成 e 小调。主题在 e 小调上缓慢地下降，渐渐变成低音震音不详的轰鸣，其中所蕴含的神秘和疑问更加深沉浓烈，夺人心魄。

几经周折，引子中潜藏的抗争力量不断增加，变成乐队的凯旋般威武的齐奏，音量达到 ff，和引子最初出现时的力度 pp 形成最极端的对比。流浪的异乡人仿佛鼓足了全部勇气和力量，在为祈求幸福和光明作最后的奋战。可是，他丢不下肩上的重负，他是坠入浩劫的可怜的地神，是只能哀哭而不会反抗的战败者，有着芸芸众生所有的一切肉体和精神上的软弱。

第一乐章就此结束。在第一乐章中，调性的布局十分独特。舒伯特是通过参差对照达成平衡，而并不拘泥于调性的统一。引子的主题在不同的调性上从各个侧面得到一次次细微的表现，使旋律一次比一次优美，神秘的悲哀感觉越来越深入肺腑。这神秘的主题，宛若一朵黑玫瑰，悄然绽放在茫茫迷雾之中，可望而不可即，令人不能自已。

《未完成交响曲》的第二乐章建立在明朗、宁静、幻想的 E 大调上，富于表情的弦乐音色，在 pp 的力度上，天使般温柔地陈述了主题，它本身是一个完整的乐段。接着，音乐进入柔和的 G 大调，它是主调 E 大调的上方小三度调性。在法国号的和声引领下，弦乐接续咏唱，温柔、宽广而和谐。管弦乐器低低地拨出脚步声，把人们引入幽深的丛林。这时，从小提琴声部投射出太阳和暖的光束，一支淳朴的歌调在大提琴的呼应下，安抚着人们慌乱的情绪。可是，管弦的强烈和弦，时时打断这支宛若微波起伏的旋律，在美好宁静的大自然里，流浪人心中仍然隐藏着无法呈现的悲苦。

在主部的结尾处，有四个小节调性的色彩过渡。紧接着，在和第一乐章副部主题一样的伴奏音型上，单簧管和双簧管先后吹出了朴实无华、悠远如歌的副部主题。这个歌唱般的旋律从主调 E 大调的关系小调 $^{\#}$C 上奇妙而自然地转换到 D 大调上，力度的改变和不稳定的切分音调为这个主题渲染上了不安和哀愁的色彩。旋律在低音声部浮现后，又变得宽广而富有生气，仿佛拨云见日，从幽深的丛林进入豁然开朗的原野。

巧妙的转调后，终于爆发出有定音鼓助威的强烈乐句，切分式惊惶不安的音型，令人心潮翻涌。经过短暂的不安后，呈示部结束，音乐直接转入恬静的再现部，副部主题先由双簧管在 a 小调上陈述，然后后半部分再由单簧管在 A 大调上陈述。最后，在大提琴、低音提琴轻柔的拨弦声中，音乐越来越轻，越来越淡，终于消逝得无影无踪。山野暮色苍茫，天空恬静朦胧，忧郁的流浪人走向地平线，他灰色的身影越来越远、越来越模糊。爱因斯坦曾说："这是崇高的爱的诀别，是对人世间一切过去的、褪色的、腐朽的事物的诀别。"

第二乐章也运用了奏鸣曲式的原理，但乐章只有呈现部和再现部，有意回避了冲突激烈的展开部。在调性的布局上也不拘一格，不仅再现部的主部主题和副部主题的调性不统一，连第一乐章所具备的调性平衡也被打破。第一乐章充满强烈深刻的悲剧性情感，第二乐章却渗透了直观、透明、安静的冥想。

这部作品之所以被称为"未完成"，是因为它只有两个乐章：中庸的快板乐章和稍快的行板乐章——这是完美的残缺。著名音乐家阿尔绅雷德·艾因斯坦曾经若有所失地叹息道："《未完成交响曲》……无可比拟的悲伤之歌，每次我们称它为'未完成'，我们都在犯错。"

舒伯特

第八交响曲

（未完成交响曲）

b 小调

人民音乐出版社

逆境中崛起

在临床上，梅毒可以表现为一期梅毒、二期梅毒和三期梅毒，其程度逐渐加深。经过初期的治疗，舒伯特已经度过了一期梅毒阶段，病情暂时得到了控制。这一时期的舒伯特心情相当不错，似乎恢复了对生活和未来的信心。

这一时期，舒伯特对歌剧的创作充满了激情。早在1820年，他的两部歌剧就得到了公演的机会，但他没有满足于这些成绩，又一次鼓起勇气，为在歌剧上获得更大的成功而奋斗。1823年，在身患重病、身心俱疲的情况下，舒伯特又写了两部歌剧《密谋者》和《吹牛大王》。遗憾的是，他依然没有成功，但舒伯特并不气馁。尽管在这焦虑惆怅的时候，舒伯特感到万分沮丧，但他始终继续写出积极向上的作品，这些作品比起他以前的作品丝毫不显得逊色。这一年夏天，舒伯特的病情有所好转，全力以赴地投入了新曲的创作之中，这就是音乐史上最优秀的作品之一——《美丽的磨坊女》。与此同时，他还应邀为歌剧《塞浦路斯的罗莎蒙德》写插曲，这次只上演了两场，就再也没有演出。从此，舒伯特放弃了歌剧创作。

1823 年 11 月，舒伯特的梅毒已经发展到了第二阶段的晚期，他的身体状况进一步恶化，同时又受到肝病和脑膜炎的威胁。对舒伯特来说，这个冬天非常难熬。他大多数时候都起不了床，闭门不出，严格限制饮食，因为采用新疗法的关系，头发也被剃个精光。据他的好友施温特回忆，1923 年末的舒伯特“由于长疹子不得不剪掉头发，用不了多久，他就能头顶自己的头发四处活动了”。到了 1824 年 2 月，舒伯特摘掉了“漂亮的假发”，施温特发现了“甜美卷发的最初迹象”，他还告诉索伯“他看起来好多了，特别快活，还觉得饿了，很逗乐，并且在作曲”。

确实如此，疾病可以打垮舒伯特的身体，却不能销蚀他的音乐天才和对音乐的无限热情。这一时期，舒伯特又创作出三部重要的器乐作品：《a 小调四重奏》、《d 小调四重奏》（即著名的《死神与少女四重奏》）和一部《F 大调弦乐》和《管乐八重奏》。舒伯特一生创作了 15 首弦乐四重奏，但只有《a 小调四重奏》在他生前公开演出过。这首四重奏的行板乐章与《塞浦路斯的罗莎蒙德》相似，许多乐段快乐迷人，犹如柔和的微笑，但那是含泪的微笑，笼罩在一切之上的情绪是深邃的忧郁，是具有强烈感染力的悲伤，是对一去不复返的欢乐时光的苦涩回忆。全曲仿佛散发着灰色的暗淡的光，折射出舒伯特当时的心情。在他的日记中，这种忧郁的情绪更是随处可见，1824 年 3 月他写下了这样的话：

> 我们中没有一个人了解另一个人遭受的折磨，也没有一个人理解另一个人的痛苦和快乐。我们都认为我们在找彼此心灵沟通之路，但我们只是在一起罢了，并没有走进对方。意识到这点是痛苦的。我的音乐创作之所以存在，也都是通过理解、通过痛苦才完成的。那些忍受痛苦的人似乎才能给世人带来最大的欢乐……

经过不懈的治疗，舒伯特的病情有了明显的好转。1824 年 5 月 7 日，贝多芬的音乐会在维也纳举行，音乐会上第一次演出了他的《第九交响曲》。舒伯特和他的朋友们一起去听了这次音乐会，深受震动，舒伯特也产生了举办一场属于自己的音乐会的想法。这个月下旬，舒伯特离

舒伯特肖像

开维也纳，第二次来到彻利兹城堡，又一次成为埃斯特哈齐伯爵两个女儿的音乐教师。此时的舒伯特已经是小有名气的年轻作曲家，因此被客气地安置在城堡里居住了一个夏天。安静的乡间生活显然有利于舒伯特的病情，当他回到维也纳时，朋友们惊喜地发现他恢复了往日的一些活力，他的新作也似乎有了往日的灵气。

这次度假可以说是舒伯特患病之后最开心的一个夏天。这期间，丘比特之箭再次射进他的心里——他爱上了自己的学生卡洛琳，19 岁的埃斯特哈齐伯爵小姐。她不仅年轻美丽，而且很有音乐天赋，对舒伯特本人和他的音乐表现出极大的关注。卡洛琳虽然明白舒伯特倾心于她，但从不曾回应过舒伯特的爱情。有一次，她半开玩笑地责备舒伯特从没有把什么作品献给她，舒伯特立即回答道："胡说，不管怎样，一切都是献给你的。"舒伯特的话发自肺腑，他为卡洛琳创作过不少美丽的钢琴曲，还把《流浪者幻想曲》献给了她。不久，埃斯特哈齐一家回到维也纳，舒伯特依然常常去拜访他们。后来，他的好友鲍恩菲尔德回忆说：

> 事实上，舒伯特深深爱上了他的学生，年轻的埃斯特哈齐女伯爵。他把他最美的一部钢琴曲 f 小调钢

琴幻想曲献给了她。除了教课，他也不时到伯爵家去。他的保护人——歌唱家弗格跟王公贵族交往的态度就像彼此完全平等，他无处不去，而且总带上舒伯特……在这种场合，舒伯特总是十分满足于坐在后面，静静地和他崇拜的学生坐在一起。爱神的箭在他心里越扎越深——作曲家也好，抒情诗人也好，忧郁的爱情——除非它令人万分痛苦，总能给他们的创作带来最纯净真实的色彩和声音。

但是，这始终是一场柏拉图式的爱情。舒伯特虽然在人情世故方面十分幼稚，但也非常明白，以他的社会和经济地位，特别是他所患的疾病，他的爱情注定不会有任何结果。但这无望的爱情之火一直在他心中燃烧，至死不灭。

维也纳的生活是丰富多彩的，回到维也纳之后，舒伯特立即被朋友们包围起来。一直到新年，舒伯特都忙于交际，几乎没有什么作品。随着朋友的离去和自己的患病，舒伯特的交际圈子发生了很大的变化。这段时间，他又结识了两位好友：施温特（1804—1871）和鲍恩菲尔德（1802—1890）。1822 年，经过施鲍恩的介绍，舒伯特认识了年仅 18 岁的施温特，他热情奔放，有出色的音乐和绘画才能，深深吸引了舒伯特，从此他俩成为要好的朋友。鲍恩菲尔德当时在大学里念法律，后来成为著名的剧作家和文学家。他仰慕舒伯特已有三年，但直到 1825 年才在施温特的介绍下成为舒伯特的密友，从那天起，他们三个便形影不离，他们“曾经多次游荡到深夜甚至东方发白，才彼此结伴回到家中”。

1825 年的夏天，舒伯特又一次来到弗格的家乡——施泰尔。整个夏天，他们不仅在施泰尔游山玩水，还到林茨、格蒙德去旅行。和往常一样，每到一个地方，弗格都要举行演唱会，舒伯特为他伴奏。他们的演出毋庸置疑地受到了听众的热烈欢迎，一位听众说：“听这两个人演出有一种纯洁的快乐。”不过，到林茨的旅行却让舒伯特特别失望。他本来想去那里看望好久不见的挚友施鲍恩，遗憾的是施鲍恩恰好不在。舒伯特后来写信给施鲍恩说道：“没有你的林茨，像一具没有灵魂的尸体、一个没有头脑的骑手、一碗没有盐的汤。”

除了这一点遗憾之外，舒伯特对整个夏季的旅行非常满意，他神采焕发，生机勃勃，似乎忘掉了梦魇般的疾病。在路上，他给父亲、继母及家人写了不少活泼愉快的信，描述他的旅行。在给哥哥们的信中，舒伯特说：

我建议他（斐迪南）还要爬着去克罗斯，但不可错过多尔纳赫（斐迪南曾经到这两个地方喝酒）。他无疑已经病过77次，而且有9次都认为自己会死掉，好像死亡对人来说是最糟糕的事情。有朝一日，一旦他看见那些天堂般的高山湖泊——它们好像在威胁着要撕裂或者淹没我们，他就不会再陷在渺小的人类生活中不能自拔了。能体会到地球创造新生命的无以形容的伟力，还有比这更幸运的事吗？……卡尔在做什么？会去旅行吗？他现在一定很忙。作为一个结了婚的艺术家，他有责任既提供面包，又提供艺术。如果这两方面他都取得成功，那这是大可称赞的。这可不是件小事啊！……现在我得结束这次闲谈了，虽然我感到我必须用封长信来弥补我长时间的沉默……

这可能是他写给家里的最温馨的一封信。这一年的秋天，他又创作了8首美妙动听的歌曲，其中《海豚》是他最不为人所知的杰作，也是迄今最美的由女生演唱的爱情歌曲。

在生病的最初几年里，舒伯特在艺术上并没有荒废，而是在逆境中艰难地突围。有些时候他病得根本无法创作，但其他时候，他的作品还是源源不断。重病的痛苦经历，以及这对他未来的不利影响，不可避免地改变了他。在这

施泰尔风光

一段动荡不安、令人不宁的时期，舒伯特在作品中表达了对死亡的认识，比如阴暗的《a 小调钢琴奏鸣曲》，这是他多年中创作的第一部多乐章世俗作品。《美丽的磨坊女》和《d 小调弦乐四重奏》（即《死神与少女四重奏》）则从某些方面象征着舒伯特最后阶段的开始，不仅是他作曲的最后阶段，而且是他人生的最后阶段，因为面对生命缩短的可能，它们显示出了一种新的成熟、严肃和艺术责任感。

《美丽的磨坊女》

尽管病魔无情地摧毁了舒伯特的身体，但他的心灵永远不会屈服。在与病魔抗争的日子里，他又创作了许多优秀的作品，其中以《美丽的磨坊女》最为出名。

1823 年，舒伯特抱病把威廉·穆勒（1794—1827）的组诗《美丽的磨坊女》谱成同名声乐套曲。所谓声乐套曲，又称为连篇歌曲集，在德语里，这个词本意是“歌曲的花环”，形象地道出了它的本质特征——由若干结构上各自独立、情节上相互关联的歌曲所组成的一件完整的作品。声乐套曲是 19 世纪浪漫主义音乐的重要题材之一，舒伯特对它的形成和发展起过重要的作用。

穆勒的组诗原有 25 首，舒伯特把它们略加整理，省略了序曲、终曲和另外三首诗，只留下 20 首，这 20 首歌曲的曲名是：《流浪》、《到哪里去》、《停步》、《对小河的感谢》、《工余》、《疑问》、《忍不住》、《早晨的问候》、《磨工的花》、《泪雨》、《我的》、《休止》、《绿色的丝带》、《猎人》、

Deutsche Grammophon
415 186-2
DIETRICH FISCHER-DIESKAU
Schubert: Die schöne Müllerin
GERALD MOORE
STEREO

《美丽的磨坊女》碟片封面

《嫉妒与骄傲》、《可爱的颜色》、《讨厌的颜色》、《憔悴的花朵》、《磨工与小河》、《小河催眠曲》。在欣赏舒伯特谱曲之前，我们有必要了解这套组诗所讲的故事：

一个年轻的磨坊工人被不停地推动着磨轮的水流所鼓励，决意出去漫游。一条迷人的小溪把他带到另一个磨坊，那里郁郁葱葱，风景秀美，住着一位美丽的磨坊少女。磨工接受了他的命运，在那儿止住了漫游的脚步。他深深地爱上了少女，对小溪倾诉他的爱情，询问小溪是否知道少女的心思：

我爱在树皮上刻她的名字，
也喜欢雕刻那些小石头。
我爱在清新的花床播种，
用水堇花种成她的名字。
……
当清晨微风轻轻吹来，
我喜欢穿过雨天的丛林，
每一朵小花都向我眨眼，
她的芬芳四处飘散。
……
在每张白纸上我都这样写着：

你是我的心。

少女也慢慢爱上了年轻的磨工，在第十首歌中，他们懒散地坐在小溪旁，磨工凝视少女鲜艳的脸庞和深深的蓝眼睛：

整个天空，仿佛
都沉入溪流，
想把我拖进，
它的深处……
眼中充满泪水，
如镜碧波一片模糊。
她说："要下雨了，
再见——我得回家。"

在下一首动人的歌中，少女拒绝了他的爱。他挂起诗琴，无心再弹。诗琴上缀着一根绿色的缎带，那是少女喜爱的颜色。缎带系上少女的秀发，绿色是磨工希望的居所。但在第十四首歌中，猎人出现了，立刻夺走少女的芳心。绿色陡失光彩，变成悲哀的象征。在第十六首歌中，垂柳、柏树、荒坟上青草茵茵，无一不是绿色，无一不是悲哀。在下一首歌中，绿色更象征着痴情人的无限愁思，磨工准备再次迈出流浪的脚步，可漫山遍野的绿色，如此刺痛他的心怀，“我想摘尽每一片绿叶”。少女送给他的花儿早已枯萎凋谢，只有小溪自始至终伴随着他，是他唯一的安慰和最后的归宿。在最后一首歌中，我们只听见流水悲凉的潺潺声，年轻的磨工在绝望中自沉。

穆勒这组诗写于1821年，他一直渴望他的诗能谱成歌曲，在给朋友的信中曾经悲哀地说道：“我的诗只有一半生命，白纸黑字组成的生命……除非音乐给它呼吸，将它唤醒，仿佛它早就被音乐的灵魂所主宰。”但是，在穆勒的有生之年，他始终不知道舒伯特已经实现了他的愿望，把《美丽的磨坊女》谱成世界上最美的音乐。的确，音乐给了穆勒的诗以呼吸，将它深深唤醒。《美丽的磨坊女》套曲是一部美轮美奂、感人至深的作品。我们已经在前面领略了套曲的主要内容，下面让我们来欣赏一下它的音乐表现手法吧！

和大多数声乐套曲一样，《美丽的磨坊女》也采用了第一人称的自述形式，描写“我”（年轻的磨工）的生活感受和感情体验，但音乐所刻画的角色却不仅有“我”、“我”的朋友——小河的形象也贯穿始终。在这里，舒伯特再一次表现出他利用钢琴伴奏摹写环境和表达人物心理的天才。音乐循着主人公的心情而逐渐变化，从快乐到悲哀，从明朗到暗淡，与此同时，钢琴伴奏弹出的小河流水声也忽而柔和，忽而活泼，忽而惊慌，忽而沉静，惟妙惟肖地衬托出主人公细腻的心理。

第一首《流浪》是一首单纯朴素的分节歌，非常接近民间曲调。歌曲首先采用向上跳跃的音调和活泼跳动的节奏，表现出磨工无忧无虑，对未来充满希望的心情：

> 去流浪是快乐的，去流浪是快乐的，去流浪，那磨坊师傅不知道这世界多么宽广，去流浪，去流浪，去流浪，去流浪。

这首歌采用了简单的对句结构，以主和弦和属和弦的和声为基础，曲调的调内音基本上用和弦乐进行。全部欢畅豪放，富于想象力，散发着青春的气息。

第二首《到哪里去》的基调欢快明朗，年轻的流浪者对命运充满幻想。钢琴伴奏弹出不间断地进行着的六连音，线条柔和连贯，这流水一般的伴奏音型第一次描绘出小河的形象。

第五首《工余》中，磨工爱上了美丽的磨坊姑娘。钢琴右手弹出快速的琶音，左手配以八度跳进的固定音型，

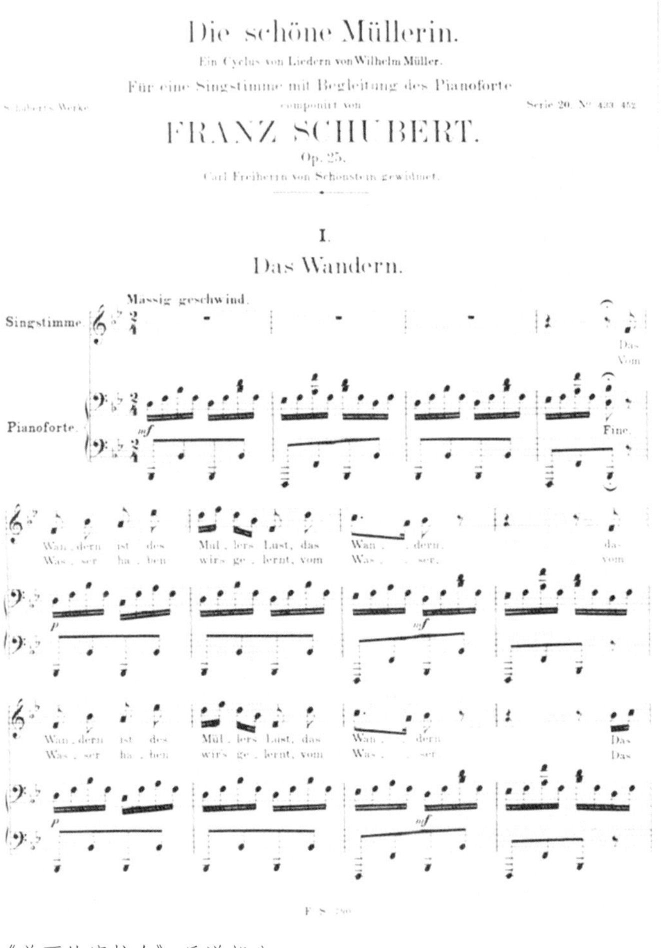
Die schöne Müllerin.
Ein Cyclus von Liedern von Wilhelm Müller.
Für eine Singstimme mit Begleitung des Pianoforte
componirt von
FRANZ SCHUBERT.
Op. 25.
I.
Das Wandern.
Massig geschwind.
Singstimme.
Pianoforte.
Fine.

《美丽的磨坊女》乐谱部分

模拟磨轮的飞转。旋律前半部分是 A 小调，后边部分转入同名大调，表达出人物内心强烈的激情：

假如我有千万只手臂，
我要使那些磨轮飞转，
我要吹醒那一切树林，
我要转动一切磨盘，
好让磨坊好姑娘把我记在心中。

第七首《忍不住》中，磨工情不自禁地向周围一切倾诉他的爱情，钢琴伴奏采用持续的三连音表达内心的激动，起伏跳动的旋律表达出他内心的喜悦。

第十一首《我的》中，磨工自以为得到姑娘的爱，感到生活充满幸福，世界无限美好。音乐中欢喜激动的情绪也发展到了高潮，旋律悠扬婉转，钢琴轻柔而节奏均匀地奏出小河流水的声音，仿佛小河也在为他的幸福歌唱：

小河呀，你不要唱；
磨轮呀，你不要闹。
林中的小鸟呀，你不要叫，
请为我停止你们的歌声吧！
停止你们的歌声吧！

原野上、树林中，响起了一片赞美的歌，
那美丽的磨坊姑娘已经属于我。

在前十一首歌曲中，音乐总的情绪是开朗活泼的，洋溢着青春的活力，流浪者对爱情的憧憬和对幸福的期待是歌曲表现的主题。从第十二首歌曲开始，明媚的天空开始出现阴云，悲剧色彩逐渐加重，音乐逐层地表现出流浪者心灵和生活的悲剧。第十四首歌，猎人在钢琴模仿出的号角和马蹄声中到来，夺走了姑娘的芳心。钢琴伴奏的音型，磨工的歌调都同样快速地跳动。急促的连续八分音符贯穿全曲，中间没有休止和停顿，表现了磨工对不幸的预感和忐忑不安的心情：

这小河的两岸没有野兽，
你骄傲的猎人啊，寻找什么？
除去我那一只温驯小鹿，
在这地方你将是一无所获。

第十六首《可爱的颜色》是套曲中意味最深的一首，其构思非常精巧，但听起来却异常朴实，正所谓大巧不工。这首歌采用阴暗的 b 小调写成，曲调徐缓、含蓄、深沉，充满被竭力抑制着的悲伤：

让青草装饰我吧，
让垂柳把我掩盖，
只因为我的爱人，
她喜欢绿色。
安息在柏树枝下，
在那长满了绿花的地方，
只因为我的爱人，
她喜欢绿色。

钢琴伴奏在低音区奏出悠长的旋律，而在高音区“3”音上的持续音贯穿始终，动荡不安，给音乐再蒙上一层灰暗的悲剧色彩。声乐部分的曲调使用的是四度、五度和更广阔的音程，和钢琴弹出的低沉旋律形成明显的对照，产生一种痛苦被抑制、激情被束缚的感觉。

第十九首《磨工与小河》中，绝望的磨工想投入小河的怀抱。歌调里仿佛含有哭泣，音乐的色彩暗淡无光。小河在钢琴上唱出亲切、明朗的歌儿，想安慰悲痛的磨工，反而使音乐更加令人神伤，磨工终于投入清澈的小河：

那真诚的爱情早在心里死灭。
花园里的百合花都已凋谢，

天空的明月躲入乌云，

为了不让人们看见她的眼泪。

……

我为爱情牺牲绝不后悔，

还是让我投入那波浪里。

在第二十首，也是最后一首歌《小河催眠曲》里，磨工已经死亡，一切欢乐和悲伤都已经结束，只有小河单调的淙淙声在回荡：

安息、安息，闭上你的眼睛，

安息、安息，闭上你的眼睛，

倦游的流浪儿回到家乡，

真情永在，

你安息在我的身旁。

这首歌沉静忧郁，宁静的歌调线条和伴奏单调而有节奏的摇摆消融了一切激烈的情感，没有不满和愤怒，没有刻意渲染悲剧色彩，也没有积极的抗争——这正是舒伯特一贯的态度。

《美丽的磨坊女》是舒伯特创作的转折点，也是音乐史上艺术歌曲发展的转折点，在此之前，没有人创作过声乐套曲，在此之后，声乐套曲迅速流行和发展起来。在以后的日子里，《美丽的磨坊女》被认为“是艺术歌曲有史以来最凄美绝伦、感人肺腑的作品”，它们“从第一个音符到最后一个音符都是完美无缺的”。这些自然而跃动的歌曲，皆为发自赤诚之心的泣血结晶，无任何虚假造作，亦绝无斧凿痕迹，诗与音乐的协调完美无缺，达到浑然天成之境。

《美丽的磨坊女》碟片，封面人物是演唱者德国著名男高音温德利希，这位男高音年仅 35 岁就因意外辞世，而这张碟片正是他的最后录音。

第 6 章：巅峰中离去

经济危机

1825 年秋天，舒伯特的第二次施泰尔之旅结束，他回到了久违的维也纳，就在这个时候，他一直思念的好友索伯也回到了维也纳。酒逢知己千杯少，在他们常去的小酒店，舒伯特与他的好友索伯、施温特、鲍恩菲尔德、库帕维泽、麦亚霍佛一起开怀畅饮，一直持续到第二天凌晨。沉溺于好友相聚的喜悦之中，舒伯特几乎抽不出时间来搞创作，因而这一时期的作品很少。直到这一年 12 月，舒伯特才重新开始创作。1826 年 1 月，他根据歌德的诗写了四首歌曲，又根据索伯的诗创作了一首合唱曲。正当舒伯特准备开始新一轮的创作时，他发现自己又陷入了经济危机，而且这一次似乎比以前更严重。尽管作品出版给他带来了不菲的收入，但由于不善于理财、花销无度，舒伯特欠的债务越来越多，经济状况越来越困难。一个冬天的下午，施温特来找舒伯特一起出游，但是他把所有的抽屉翻了个遍，都找不到一双完好的袜子，只得作罢——其贫困状况可见一斑。

事实上，舒伯特虽然经济状况一直不稳定，有时甚至会出现经济危机，但他从来都没有真正贫穷过，这必须跟他的个人价值观和性格联系起来看。从性格上看，舒伯特“在金钱的问题上完全是个孩子”，只要他能作曲、吃喝、住在自己喜欢的地方，偶尔还能旅行，他大概就不在乎收入的问题。鲍恩菲尔德曾比较详细地描述了朋友们中流行的“共产主义观点”：

> 帽子、靴子、手帕，甚至大衣等衣服，只要你穿得合适，就随便穿……谁当时手头有钱，就给别人付账……自然，在我们三个（舒伯特、鲍恩菲尔德、施温特）中，舒伯特是个大财主，如果他恰好卖掉了几首歌甚至一组套曲的话，他会特别阔绰……我们先是

生活优越，到处玩乐，花钱如流水——然后，我们又破产了！一句话，我们在富足和拮据之间摇来摆去。

正在这个时候，舒伯特遇到了一个解决经济危机的机会。原来，这一年春天，舒伯特的老师、维也纳皇家宫廷乐队的指挥萨利埃里去世，这个职位由艾布勒担任，于是副指挥就空缺了下来。面对这一千载难逢的机遇，曾任皇家宫廷合唱团团员的舒伯特便在1826年4月7日呈递了一封求职信：

阁下与英明的皇帝：

本申请人首先致以深深的敬意。我欲申请阁下的皇家宫廷乐队的副指挥一职，本人具有如下申请资格：

1. 申请人是维也纳本地人，一位学校校长的儿子，今年29岁。

2. 他曾经在神学院学习声乐，是皇帝陛下教堂唱诗班成员之一。

3. 他曾经师从宫廷指挥安东·萨利埃里，接受了完整的作曲教育和训练，这使他有资格担任世界上任何一所管弦乐队的指挥。

舒伯特的老师萨利埃里（1750—1825）

4. 他的名字，通过他的声乐与器乐作品，已经在整个德国广为人知。

5. 他创作的五首弥撒曲已在维也纳各个教堂中演奏，并正准备将其为小型和大型乐队谱成管弦乐演奏。

6. 迄今为止，他从未担任过任何职位。因此，希望此次能实现他为艺术而献身的目标。

如果有幸担任此职，定将努力尽其所能为您效劳。

您忠实的仆人

弗朗茨·舒伯特

之后，舒伯特带着一首新创作的弥撒曲，来到皇家宫廷乐队新任指挥艾布勒那里，希望能得到他的欣赏。舒伯特这样谈到自己的这一次拜访：

艾布勒听到我的名字后说，他还从来没有听到任何一部我的作品。我并不自负，但我肯定这次这位维也纳宫廷指挥家大概会记得我的名字和作品了。几周后，当我再去找他时，他说弥撒曲相当不错，但不是皇帝喜欢的那种风格。听到这儿，我马上告辞离开，心想："这是因为我没有那么幸运地去按照皇帝阁下批准的风格写曲子！"

舒伯特想在宫廷乐队有所作为的希望以失败告终，这个职位最终给了约瑟夫·魏格尔。对此，舒伯特尽管非常失望，但他看得很开。他对施鲍恩说："我真希望能得到这个职位，但它给了一个值得给的人，我也就不能抱怨什么了。"这样一来，舒伯特不得不又一次面对贫困的生活。不久，弗格利用自己的关系，向维也纳管弦乐队推荐舒伯特作教练，但在试唱其作品时，一位歌手抱怨几个音写得太高，问是否可以重写，舒伯特毫不客气地拒绝了，结果这次新的工作机会也失之交臂。从此，舒伯特彻底断绝了靠某种工作维持生存的念头。

在这种情况下，舒伯特希望能够通过出版作品获得必要的资金。当时一位瑞士的出版商准备出版一本钢琴作品曲集，他请舒伯特写一部钢琴奏鸣曲，这对舒伯特来说显然是一次难得的机会。然而，可怜的舒伯特因急需钱用，请求先预付 120 弗罗林的酬金，这个请求显然冒犯了这位出版商，舒伯特再也没有收到他的回信。他意识到他的名字正在名扬国外，而在国内却因维也纳出版商付酬微薄和没有人宣传他的作品而深感失望。不过，他还是再次努力与出版商合作。1826 年 8 月 12 日，他给莱比锡的布莱特科普夫和哈特尔出版公司写信，希望能够出版他的作品，以换取一点稿酬。他在信中是这样说的：

希望我的名字对您来说还不至于太陌生。我冒昧向您询问是否有意出版我的一些作品，以换取一点稿酬。我希望我的作品在德国也尽快广为人知，所以我要的稿酬并不很多。我将寄给您一套包括钢琴伴奏的歌曲，弦乐四重奏以及钢琴奏鸣曲和二重奏选集。我还写了一首八重奏。不管怎么样，能与像贵公司这样有名的出版商合作，我深感荣幸。

然而，出版商的回复让舒伯特很失望，他们只愿意用“一定数量的出版的作品来代替付款”。显然，远水解不了近渴，舒伯特只能另想他法。他又给另外一家出版商写信，他们希望能够出版一些取悦听众的作品。然而，当舒伯特把手稿寄给出版商后，出版商却将它们退了回来，并注明：首先，80弗罗林的酬金对于一卷作品来讲太高了；其次，公司正推出卡尔克布伦纳的作品集，因此公司目前只好忍痛割爱，暂不出版舒伯特的作品。

夏天又一次来临，舒伯特本来准备去林茨，但是因为没有钱而作罢，只好待在维也纳。尽管如此，舒伯特还是过着幸福的日子，“因为手头没有一分钱，什么事都觉得一团糟，但我并不为此烦心，还是愉快地过着日子”。这一段时间，舒伯特的创作热情又高涨起来，6 月 20 日至 30 日，他完成了最后一部，也是最优秀的一部弦乐四重奏。在这部 G 大调弦乐四重奏中，舒伯特写下了“气魄最壮丽、最高贵”，同时也是充满着强烈的现代气息的音乐。他引入了前所未有的不和谐变化，经常完全抛弃古典的调性，使整部作品充满创新的灵感。尽管这部四重奏在私下演出时反应良好，但他却不能说服任何人出版这部作品，理由是“过于现代，难以演奏”。

不过，正在此时，舒伯特得到了一笔意外之财，暂时解决了经济危机。舒伯特曾表示将一首交响曲奉献给音乐之友协会，在书记索恩莱特纳的提议下，该协会付给舒伯特 100 弗罗林的酬金。多年以前，舒伯特就同音乐之友协会保持着密切的联系，深受该协会的器重，并成为他们的荣誉会员。1826 年 10 月，该协会在致舒伯特的信中这样写道：

> 经过奥地利首都的音乐之友协会对您的交响乐和您的杰出才华的一再证实，我们愿将这笔酬金寄上。他们知道如何欣赏一位作曲家的非凡力量。我们希望向您表达他们的感激和尊敬之情。您会认为这个数目

1825 年的舒伯特

是他们请求您接受的对您表示的敬意，而不仅仅是作为酬金，而且表明协会成员对您的感激之情和认可是多么深厚。

一有了钱，舒伯特又重新开始了挥霍的日子。如果我们回到 1826 年秋天，总会发现舒伯特白天在全身心地投入工作，晚上则总和好朋友一起喝酒娱乐——这就是以音乐为生命的舒伯特。

送别贝多芬

说起舒伯特，我们不能不谈到他与贝多芬的关系。众所周知，贝多芬（1770—1827）是世界上最著名的音乐家，被称为“乐圣”。他出生于德国波恩，1792 年搬到维也纳之后，一直生活在那里，直到去世。贝多芬是舒伯特最崇拜的偶像，最敬重的前辈。令人奇怪的是，他们彼此认识，而且共同在维也纳生活超过四分之一个世纪，但他们之间几乎没有什么太多的来往——这不能不让人感到十分遗憾。

有人认为，舒伯特的名字和作品直到 1820 年之后才逐渐为人所知，而这一段时间贝多芬患了耳聋，断绝了与社会的所有联系，他也许听说过舒伯特，但显然没有更深入的接触。虽然二人去世的时间相差不到 20 个月，但他们属于两个不同的时代。另一个重要原因在于舒伯特自身。从孩提时代开始，舒伯特就十分崇拜贝多芬，几乎把他视为音乐的肉体化身。因为太敬畏贝多芬，谦逊腼腆的舒伯特不敢接近他的社交圈，更不用说进一步熟悉了。

其实，在剧院和音乐圈中，有时是在出版商处或在酒馆里，舒伯特会经常看到这位非凡的大师独自坐在一张桌子旁，吸着烟斗，陷入深深的沉思。舒伯特曾经在朋友的劝说下，鼓起勇气来到贝多芬的住处，为他演奏自己的四手联弹钢琴变奏曲——这首变奏曲早已题献给贝多芬。据说，当时他没有在家中见到贝多芬，只好将曲子留在贝多芬家里。但安东·辛德勒——贝多芬的管家——是这样提到舒伯特的拜访的：

> 弗朗茨·舒伯特于1822年带着他的四手联弹变奏曲来见贝多芬时相当不顺利。尽管有翻译迪阿贝利的陪同，但他（舒伯特）的羞涩和寡言少语多少妨碍了他对大师的情感表达，他在这次拜访中表现非常糟糕。他刚刚鼓起的勇气在大师威严的风采面前丧失殆尽。当贝多芬希望舒伯特亲手将提问的答案写下来时，他的手好像僵硬了一般。贝多芬迅速读了一遍总谱，指出和声的一处不太准确的地方。他和善地提醒这个年轻人注意这个地方，随即又补充说它并不是什么严重

的过失。但这温和、宽慰的话语反而让舒伯特更加局促不安起来。直到走出屋后，他才镇定下来，痛恨自己刚才的窘迫。之后，他再也没有勇气去见大师了。

……

贝多芬的病痛持续了四个月后暂时得到了缓解。他的精神状态很糟糕，恢复以往的脑力工作已经不太可能。于是我们就想些别的什么事情让他做，以转移他的思绪。所以我就拿给他舒伯特的一本艺术歌曲集，共六十首，其中许多都是手稿。我之所以这样做，不仅是要给他找点事情做，更是要给他一个机会去更多地了解舒伯特的艺术作品，以便赢得贝多芬对舒伯特的才华的嘉许和承认。

在贝多芬去世前不久，辛德勒又拿几部舒伯特的作品去见他。在此之前，贝多芬只知道五首舒伯特的歌曲，但现在面对这么多歌曲，他不由惊呆了：他不敢相信，到那时（1827 年 2 月）为止，舒伯特已经创作了 500 多首作品。不过，如果他看到作品的质量后，一定会更加吃惊。果然，他对它们的质量大为诧异。几天来，他曲不离手，几乎把所有的时间都用来品味这些歌曲。《人类的极限》、《年轻的修女》、《紫罗兰》、《磨坊主之歌》，以及其他许多

"乐圣"贝多芬

作品都令他激动不已。他毫不吝啬地称赞道:"这个舒伯特有一种神圣的智慧之光,假如我读到这首诗,我也会为他谱曲的。"这句话他不止说过一次,还对素材、内容及舒伯特的独到处理赞不绝口。他认为舒伯特能够把一首歌写得如此之长,仿佛里面还包含十首其他的歌,这是相当了不起的能力。总之,贝多芬对舒伯特的才华非常欣赏,并提出想看一看他的一些歌剧和钢琴曲。只是由于病情加重,他的这一愿望没有实现,但他常常说起舒伯特,并预言他很快就能引起全世界的刮目相看。关于这两位伟大作曲家的关系，可能还是布朗描述得最恰当：能和贝多芬这样横空出世的人物在同一时代生活，而又不曾依样画葫芦地模仿他，是舒伯特首要的光荣。

在贝多芬最后一次生病时，舒伯特又去看望了他。据休腾布伦纳回忆："辛德勒教授、舒伯特和我大约在贝多芬去世前八天去看望他。辛德勒报了我们的名字，问贝多芬想先见哪一位。他说：'让舒伯特先进来吧！'"于是，舒伯特又一次和贝多芬近距离接触，不过他们并没有说多少话，"贝多芬目光炯炯有神地注视着他们，伸手打着难以理解的手势"。舒伯特深深地感动，然后难过地离开了贝多芬的房间。

1827 年 3 月 26 日，一代"乐圣"贝多芬去世，整个维也纳都沉浸在悲痛之中。维也纳人纷纷前往他的寓所向他的遗体告别，舒伯特和朋友们都去了，向大师献上了最后的敬意。三天之后，维也纳为贝多芬举行了隆重的葬礼。贝多芬的葬礼是维也纳最豪华的葬礼之一，据说有将近 3 万人参加。这一天维也纳的所有剧院都关闭一天，以纪念这位最杰出的艺术家的离世。在送葬的这一天，共有三十六位音乐家为贝多芬护送灵车，舒伯特就是其中之一。舒伯特身穿黑色丧服，胸前佩戴一朵白玫瑰，手持火炬和洁白的百合花，默默跟随着灵车，穿过整个维也纳城，一直到魏林格公墓，送别了贝多芬最后一程。

由于只允许牧师在墓地的神圣土地上说话，所以维也纳最杰出的演员亨利希·安舒茨站在墓地的前面，读了格里尔帕策撰写的演说：

> 优美歌曲的最后一位大师，感动灵魂的和声之源，亨德尔、巴赫、海顿和莫扎特不朽名声的继承人和光大者离开了我们，我们站在这里流泪，而竖琴的断弦也静默无声。

贝多芬的去世对舒伯特的心灵是一个巨大的打击，他似乎将之视为自己命运的预兆。在葬礼结束之后，舒伯特和另外两位音乐家的朋友来到了他们常去的酒馆。舒伯特倒了两杯酒，第一杯他祭奠去世的贝多芬，第二杯敬给他们三个之中第一个死去的人。这个人显然是指他自己。施鲍恩后来回忆说："贝多芬的死使他（舒伯特）深为震动。难道他已经预感到，自己也将很快追随贝多芬而去，安息在 他的身边吗？"后来的事实确实证明了这一点，1828年

贝多芬墓

11 月 19 日，31 岁的舒伯特与世长辞，按照他的遗愿，被安葬在贝多芬墓地的旁边，从此两位音乐大师再也没有分离。

《冬之旅》

1827 年 3 月，舒伯特离开了原来的住处，搬进索伯在维也纳的新家，并在那里度过了余生的大部分时光。在索伯的新居里，舒伯特拥有两个房间：一间起居室和一间音乐房。对于住惯了小单间和公用阁楼的舒伯特来说，这无疑是他一生中所享有的最大空间。他迫不及待地定下了日子，邀请所有的朋友来听他的新作品，但是当客人们来访时，他却不在家——他早已把这件事忘到九霄云外。大家闲坐无聊，索伯只好自告奋勇地为大家唱了几首舒伯特的歌曲。他们一直等到晚上 9 点半还不见舒伯特的身影，大家才明白舒伯特已经把这件事给忘了，于是他们来到了常去的咖啡馆，在那里他们找到了舒伯特。

对舒伯特来说，这一年5月和6月是一段快乐的时光。在索伯的陪同下，舒伯特来到维也纳郊区一个名叫多恩巴赫的小镇，他们在这里度过了一个难忘的夏季。这是一个古老美丽的村庄，舒伯特深深爱上了这个世外桃源。在这里，他写下了歌剧《格莱登伯爵》的草稿，并创作了杰出的《春之歌》。在这首歌中，每一个音符都洋溢着纯洁的青春幻想和活力，我们真切地感受到舒伯特对春天兴奋而快乐的召唤，似乎一切都抛到脑后。7月，舒伯特返回维也纳，一次偶然的机会他创作了音乐史上的杰作——《小夜曲》。事情是这样的：有一天，一个朋友想送给他爱慕的姑娘一件别致的生日礼物，于是请求舒伯特为这个姑娘写一首歌曲。舒伯特随便拿起一张纸，匆匆写了几行，就带着歉意把谱子交给了朋友。朋友把谱子带回家，在钢琴上试了一遍，感觉非常满意。后来，舒伯特听到这首歌时，情不自禁地说："真的，我没有想到，这首歌竟然这样美。"事实上，这是舒伯特短促的一生中最后完成的独唱艺术歌曲之一，也是他最为著名的作品之一。

1827年9月，舒伯特再次离开维也纳，到格拉兹去旅行。在那里，他受到帕尔彻一家很好的接待，度过了"很久以来最快活的一段日子”。可以想象，在此之前和之后的时间里，舒伯特一直生活在忧郁和悲哀之中，我们从他这时创作的另一部杰作——《冬之旅》中可以分明地感受到一种悲哀之情。《冬之旅》与之前的《美丽的磨坊女》一样，都取材于穆勒的诗。最初，舒伯特在一本年鉴中偶然看到了《冬之旅》的前12首诗，立刻受到前所未有的震撼，灵感沛然而出，创作了《冬之旅》的第一部分。直到1827年夏天，舒伯特才读到完整的《冬之旅》组诗，他立即着手把剩下的12首诗也谱成歌曲，作为《冬之旅》的第二部分。套曲《冬之旅》的第一部分于1828年1月出版，第二部分在他去世一个月后刊行。

《冬之旅》是舒伯特晚期最杰出的代表作，他根据穆勒的同名组诗写成，共计24首，分别是：《晚安》、《风信旗》、《冻泪》、《冻僵》、《菩提树》、《泪洪》、《在河上》、《回顾》、《鬼火》、《休息》、《春梦》、《孤独》、《邮车》、《白发》、《乌鸦》、《最后的希望》、《在村里》、《风雨的早晨》、《迷惘》、《路标》、《旅店》、《勇气》、《虚幻的太阳》、《老艺人》。

《冬之旅》讲述了一个流浪者的故事。舒伯特对流浪者的形象情有独钟，很多歌曲和器乐曲都是以此为素材，但就流浪者的悲剧色彩而言，要数在《冬之旅》中表现得最为集中、深沉和强烈。有人把《冬之旅》视为《美丽的磨坊女》的续集，但这两部套曲其实有很大的差别。《美丽的磨坊女》中，主人公是未经世事的少年，对生活充满天真的幻想；《冬之旅》中的流浪者却是饱经沧桑的中年人，对生活充满苦涩的畏惧。《美丽的磨坊女》的背景是在明媚的春天，《冬之旅》则是在肃杀的寒冬。磨工是为了寻求幸福和爱情而去流浪，他的感情从轻松、快乐、狂喜、嫉妒、疑虑、悲伤到最后的绝望，有清晰的发展过程，而《冬之旅》中疲劳的流浪者从一开始就倍感凄凉，只是漫无目的地漂泊。事实上，这两部作品的创作时间只相差四年，作者自己正是在这短短的四年里从生命的初夏跨入生命的冬天。下面，就让我们一起去欣赏其中的精彩片段吧！

第一首《晚安》是套曲的引子，其间充满悲凉的感情，用变奏的对句形式写成。旋律一开始就出现连续下行十度的小调性音调，把人们带进沉郁肃杀的隆冬。天幕低垂，世界暗淡无光，流浪者在向负心的恋人，向爱情、温暖和希望告别：

Mäßig. (中板)
fp
p
fp
pp
1. Fremd bin ich ein-ge-zo-gen, fremd zieh ich wie-der aus. Der
我 永 远 是 个 陌 生人, 永 远 是 流 浪 汉. 回
2. Ich kann zu mei-ner Rei-sen nicht wäh-len mit der Zeit, muß
那 旅 行 的 好 时光, 不 能 任 我 挑 选, 我
Mai war mir ge-wo-gen mit manchem Blu-men-strauß. Das Mädchen sprach von
想 起 美 丽的 五 月, 大 地 鲜 花 开 遍, 那 母 亲 准 备
selbst den Weg mir wei-sen in die-ser Dun-kel-heit. Es zieht ein Mon-den.
只 能 踏 上 旅 途, 在 这 黑 暗 的 夜 晚, 唯 有 朦 胧 的
legato

《冬之旅》乐谱部分

我永远是个陌生人，
永远是流浪汉。
我只能踏上旅途，
在这黑暗的夜晚。

这首歌的音调配合相当多样化，和弦节奏均匀。有时被半音所尖锐化，烘托出歌调的凄凉。中段主人公回忆昔日幸福时光时，音乐转为明朗的大调旋律，但歌曲最后仍然在哀伤的旋律中结束，仿佛目送流浪者孤独地踏上不归路。

第二首《风信旗》的旋律激动不安，节奏非常急促。钢琴首先弹出快速的 16 分音符和颤音，描绘出随风飘转、变幻无常的风信旗形象，悲哀的回忆令主人公心潮澎湃。在结束时，钢琴弹出的伴奏音型速度更快，跳动更大，音乐的情绪更加不安，流浪者最后唱出令人心碎的哭号：少女给财主做新娘，少女给财主做新娘，有谁来关怀我的悲伤？

第五首《菩提树》已经成为民歌在全世界流传，它采用变体三节歌构成的三部曲，旋律质朴、简练，在恬静明朗的曲调里渗透了人生的凄凉。流浪人在凛冽的北风中感怀往事，思念故乡，大小调的对比细致入微地刻画出他的心理。

歌曲一开始，钢琴伴奏用一连串轻轻的三连音，弹出凄凉的8个小节引子，描绘出呼啸的寒风吹着树叶瑟瑟作响的声音。接着，人声进入，E大调的旋律亲切、感人，充满温情，仿佛流浪者回想起自己的童年旧梦。这个旋律常常在“1、3、5”几个音之间回旋，音域只有八度，主题与伴奏构成简单的四部和声，明朗而含着淡淡的哀怨，具有浓郁的奥地利民歌的气息。经过一个小小的过门，歌曲进入第二段，主题在同名的e小调上变奏，笼罩着阴郁的气氛，仿佛主人公回到痛苦的现实。在唱到流浪者听见菩提树的呼唤时，钢琴伴奏奏出温柔恬静的旋律，仿佛菩提树正在抚慰伤心的人。歌曲的第三段回到E大调，也是一个变奏，发展了前面的乐思，伴奏中菩提树的形象更加亲切，令人依恋。引子最后出现，又是一连串的三连音，突出风的形象，全曲就在萧瑟的北风中结束。

第十一首《春梦》是套曲中内容最为复杂的歌曲，由三个对比性的段落构成。第一段以流丽婉转的大调旋律表达美丽的梦境，钢琴伴奏以灵活的节奏弹出起伏的音型和短短的颤音，仿佛小鸟快乐地叫着，在枝头跳来跳去：

我梦见遍地是鲜花，

正像那五月的光景；

我梦见那如茵的草地，

小鸟发出欢乐歌唱声，

小鸟发出欢乐歌唱声。

突然，流浪者的梦境被打破，痛苦的现实再度闯入。旋律由明朗流畅变为急促断续，如歌的曲调变成了戏剧性的朗诵。它的音调时而紧密连接在一起，时而是距离很大的音程。声部剧烈地变换着，强调不稳定的，甚至是调式外的音。大调转为小调，中速转为快速，音乐的各个部分都出现尖锐的对比。钢琴伴奏还模仿出公鸡的啼鸣，要把流浪者从梦境中唤醒：

但雄鸡已在报晓，

我睁开我的眼睛，

四周是黑暗寒冷，

只听到乌鸦的叫声。

最后，歌曲用近似朗诵的音调，唱出了主题：你会笑我还在梦中，在严寒的冬天里我却做着春天的梦。

套曲的最后一首是《老艺人》，这首歌用 a 小调写成，

2/4拍子，用极其单纯的手法表现出极其深刻的悲凉感，单一的曲调线创作出丰富的音乐表情。从第一小节到最后一小节，曲调都一直在低音区的持续音上进行。钢琴伴奏始终以左手在低音区重复弹出一个五度和弦，模仿八音琴单纯的和声，有一种孤寂的气氛，右手则摇出八音琴的旋律。在这个背景上，响起一句非常简单、短小的民谣式歌句，它带着不显著的变奏变化，时而在钢琴上，时而在声乐部分，一次又一次反复着，由于受到不变的低音伴奏的控制，有一种越来越悲伤的感觉。

1828年3月，维也纳的《戏剧报》刊登了一篇关于《冬之旅》的评论。这是第一次有音乐评论家充分意识到舒伯特的天才达到何种高度，并把舒伯特归入德国当代浪漫主义艺术家的行列。该评论家写道：

> 舒伯特深深理解到，诗人和他所具有的天才息息相通。他的音乐和诗人的表达一样纯真无邪。诗歌中蕴含的情感深切地反映出他自己的感受，无论谁唱起或听到这些歌曲，都会从内心深处被歌声中奔涌的情感所深深打动……这是很多浪漫主义艺术的本性的表露。从这个意义上说，舒伯特是一位完完全全的德国作曲家，他给我们的祖国和我们这个时代带来了光芒。

然而，就是这样一部杰作，在当时大多数人看来都是平淡无奇的。《冬之旅》最后两首歌曲那奇异、冰冷而感情激荡的音乐，对他的同代人来说非常陌生，仿佛来自另一个世界。就连他的好友施鲍恩也不能完全理解舒伯特的艺术成就，他曾经对鲍恩菲尔德说：“尽管我多年来对我亲爱的朋友（舒伯特）极其敬佩热爱，我还是相信在器乐和宗教音乐领域，我们从来不能在他的身上找到莫扎特或者海顿，虽然在歌曲方面他是不可超越的。”

Schubert
Winterreise
PETER PEARS
BENJAMIN BRITTEN
舒伯特：冬之旅
皮爾斯，男高音
布列頓，鋼琴
★側標背面附《DECCA傳奇再現》錄音詳解★
DECCA
傳奇再現
Legends
1963
雙盛唱片
96kHz 24-bit
Super
DIGITAL
Transfer

《冬之旅》碟片封面

个人音乐会

在创作《冬之旅》的同时，舒伯特的身体状况进一步恶化，他总是头疼、发热、恶心——这是重度梅毒的征兆。可怜的舒伯特不得不取消各种活动，卧床养病。1827 年 10 月 15 日，舒伯特给施温特的未婚妻安娜·霍妮格留了一张便条，其中记录了舒伯特被病魔压迫的心情：

> 我感觉难以启齿，但我不得不告诉你，我不能享受我今晚参加你的晚会的快乐了。我在生病，而且病情使我完全不适合出席这样的聚会。

让我们设身处地地想一想舒伯特的境地：他已经 30 岁了，从各方面说，他的未来都显得十分黯淡。疾病的折磨，经济的困窘和对未来的悲观一直笼罩着他，压得他喘不过气来。不过，在这种情况下，只有音乐才是舒伯特唯一的精神依托。

几年来，舒伯特就有举办一场自己的音乐会的计划，但由于各种原因一直未能实施。1827 年底，鲍恩菲尔德苦口婆心地劝告舒伯特，鼓励他举办属于自己的音乐会：

你想听我的意见吗？你的名字挂在每个人的嘴上，你创作出每首新歌都是一件大事！你已经创作出最灿烂的弦乐四重奏和三重奏，更不必说那些交响曲！你的朋友都为你的成绩高兴。可是，且慢，还没有出版商想买你的作品，公众对这些作品里蕴含的美丽和魅力还一无所知。所以，努力吧，朋友！克服你的懒散和惰性，在明年冬天开一次音乐会。弗格一定非常乐意帮助你。像伯克莱、伯姆和林克这样的歌唱大师也一定乐意为像你这样的大师奔走策划。人们会争相购买你的音乐会门票，就算你不会一夜之间当上大财主，起码一次音乐会可以让你一年内衣食无忧。这样成功的音乐会可以每年举行一次。如果不出我所料，是可以引起轰动的。这样你就能迫使那些出版商不再支付给你那少得可怜的一点钱。举办一次音乐会吧。听我的！

最终，舒伯特听从了朋友的劝告，决定举办一场音乐会，把他的作品拿到公众面前。1828 年 3 月 26 日，舒伯特在世之时的第一场，也是最后一场个人音乐会在维也纳音乐协会的音乐大厅举行。按照朋友们的安排，这场音乐会要在当年晚些时候才能举行，但舒伯特刻意安排在 3 月 26 日，因为这一天是贝多芬去世一周年的祭日，他希望用这种方式来纪念自己的偶像。

尽管时间仓促，舒伯特还是为这次音乐会做了充分的准备，他精心挑选自己的作品，希望能引起公众的轰动。第一首曲子是舒伯特新创作的一部弦乐四重奏的一部分，接下来是由弗格演唱的四首歌曲，然后是女高音演唱的《小夜曲》，女高音独唱和合唱。合唱之后是钢琴、小提琴和大提琴三重奏，最后是三首歌曲：《河上》、《万能我主》和《战歌》。本来舒伯特还打算演出大合唱《马里埃姆的胜利之歌》，那是一部宏大的具有亨德尔风格的作品，遗憾的是舒伯特没有及时完成它。

一切进展顺利。音乐会那天，大厅座无虚席，人山人海，舒伯特作为伴奏者也参加了演出，每首作品都博得了观众热烈的掌声，正如一位崇拜者后来回忆的那样，“每个人都沉醉在崇拜和狂喜的热潮里”。事实上，这场晚会不仅是艺术上的成功，也获得了商业利益。音乐会共收入了800弗罗林，舒伯特从中得到320弗罗林的收入，这对他来说无疑是一笔巨款。他用这些钱还清了债务，余下的钱则买了一架自己的钢琴，告别了多年来租用或借用乐器演奏的生活。

然而，这次音乐会在新闻界并没有引起意料中的反响。假如舒伯特和他的朋友们想看到报纸如何评论的话，他们一定要大失所望——竟然没有一家维也纳报纸提到这场音乐会，倒是柏林、莱比锡、德累斯顿的报纸刊登了简短的消息。《柏林大众音乐报》只简短地提到了这场音乐会："弗朗茨·舒伯特先生举行了一次个人音乐会，只演出了他自己的作品。"而另一家报纸则道出了其中的原因：

> 在我们的疆界之内只能听到一个嗓音，那就是帕格尼尼……在受人喜爱的作曲家舒伯特的个人音乐会上……毫无疑问，有许多优秀的作品……但在音乐天空中那颗彗星面前，舒伯特这个小星星是多么苍白。

虽然帕格尼尼（1782—1840，意大利著名音乐家）的到来使舒伯特的音乐会大受冷落，但他却一如既往地推崇这位"似乎有魔鬼附身"的音乐家，他自己就接连听了两

colla parte.
segue
cresc.
Ped.

次帕格尼尼的音乐会，还请鲍恩菲尔德等几个朋友一起去。要知道，这在当时是一笔不小的开销，舒伯特的音乐会门票5弗罗林一张，而帕格尼尼是他的两倍。

这次音乐会所取得的艺术成功是舒伯特生命中的最后一次闪光的亮点，遗憾的是它只持续了几个月。还算丰厚的收入还清债务之后已经所剩无几，他仍然和以前一样贫困，以致不得不在维也纳度过整个夏天。从某种意义上说，舒伯特已经成为名人，被人们尊重和热爱，至少他的许多朋友和仰慕者尊重他、理解他。但是那些有权有势的权贵并没有表示出资助这位天才新人的兴趣，同样那些或多或少也付出艰辛努力而成功的音乐家只顾沉溺在自己的成就里，而把舒伯特忘在脑后。所以，富人们口袋里的金币在叮当作响，他们的奢华生活也绝不会因为他们城市的道路上又游荡着一位穷音乐家而受到影响——这位音乐大师像莫扎特那样创作了不朽的作品，却生活在赤贫之中。

然而，朋友们经常帮助他渡过难关，有时候这位为世界创作了不朽乐章的“乞丐作曲家”会悄悄溜到父亲家里对继母说：“妈妈，看看从你的储藏中能不能省给我几枚二十分的硬币，这样今天下午我就能吃顿好饭了。”因为没有钱，他不得不取消去格拉茨的计划，“无论财力和天气都不允许”。这时，舒伯特希望能出版自己的作品，以便缓解自己的窘况，他在给出版商普罗斯特的信中这样写道：

> 先生：
>
> 乞告知三重奏最终可于何时出版。你竟然不知道他的作品编号吗？那是作品第100号。我殷切地期待着能够看到它。另外，我又完成了三部钢琴独奏的奏鸣曲，我想把它们献给胡麦尔，不仅如此，我还根据汉堡海涅的诗作了几首歌曲，在这儿异乎寻常地受欢迎。最后，我还完成了为两把小提琴、一把中提琴和两把大提琴而作的弦乐五重奏。我曾经数次在不同场合演奏过这些奏鸣曲，十分成功，不久我将试演那部弦乐五重奏。

普罗斯特对舒伯特的三重奏十分冷淡，尽管如此，舒伯特仍然继续向他提供自己最优秀的作品。舒伯特还曾想出版海涅的歌集，献给他的朋友们，但因为筹不到足够的钱，最后不得不放弃。

舒伯特纪念馆展示的描绘舒伯特工作台的素描

《天鹅之歌》

1828 年是舒伯特多产的一年。这一年，他完成了辉煌的《C 大调交响曲》。他还创作了一部《弦乐五重奏》、三首钢琴奏鸣曲、两首大合唱及 13 首歌曲——这就是被称为“天鹅之歌”的舒伯特最后的杰作。

“天鹅之歌”的名字来源于一段美丽的传说：相传天鹅在临死之前会一改其聒噪的声音，引吭高歌，发出这一生中最凄美的叫声，向生命作最后的深情告别。这些歌曲在舒伯特去世的第二年出版，出版商这样命名不仅出于商业上的考虑，也为舒伯特最后的作品作了总结：“他的高贵经历的最后花朵”，并特意在封面上配了一幅天鹅在夕阳中游泳的插图。

《天鹅之歌》共收入舒伯特的 14 首歌曲，分别是：《爱的使者》、《战士的预感》、《春的渴望》、《小夜曲》、

《我的家》、《异乡》、《别离》、《地神》、《她的像》、《渔家姑娘》、《小镇》、《海滨》、《化身》、《信鸽》，其中前 7 首是雷布斯塔布的作品，8—13 首是当时还没有名气的海涅的诗，最后一首是赛德尔的诗。虽然由 14 首歌曲连缀而成，却不像前两部声乐套曲《美丽的磨坊女》和《冬之旅》那样具有情节的逻辑性和关联性。不过，因为都是舒伯特生命晚期的作品，在形式和风格上仍不乏相通之处。爱情是它们共同的主题，《爱的使者》、《战士的预感》、《春的渴望》、《小夜曲》、《渔家姑娘》和《信鸽》，主要表现爱的甜蜜及对爱人的思念，其余则表现失恋后悲戚苦闷的心情。在这里，我们着重分析欣赏一下《小夜曲》和《化身》。

《小夜曲》是舒伯特短促的一生中最后完成的独唱艺术歌曲之一，也是舒伯特最为著名的作品之一。《小夜曲》是一首脍炙人口的名曲，由于旋律优美、动听，也被改编成器乐曲演奏，广受人们喜爱。前面我们介绍了《小夜曲》创作的故事，下面就让我们一起来欣赏这首如诗如画的歌曲吧！

我的歌声穿过深夜，向你轻轻飘去，
在这幽静的小树林里，爱人我等待你；

收录《天鹅之歌》的碟片封面

皎洁月光照耀大地，树梢在耳语，
树梢在耳语。
没有人来打扰我们，亲爱的，别畏惧，
亲爱的，别畏惧！
歌声也会使你感动，来吧，亲爱的！
愿你倾听我的歌声，带来幸福爱情，
带来幸福爱情，幸福爱情！
你可听见夜莺歌唱？她在向你恳请，
她要用那甜蜜歌声，诉说我的爱情；
她能懂得我的期望，爱情的苦衷，
爱情的苦衷。
用那银铃般的声音，感动温柔的心，
感动温柔的心。
歌声也会使你感动，来吧，亲爱的！
愿你倾听我的歌声，带来幸福爱情，
带来幸福爱情，幸福爱情！

《小夜曲》描绘了一个小伙子向心爱的姑娘求爱的画面。歌曲旋律上的特点，恰如其分地表达了歌词所叙述的情节。歌曲共有两段，全曲开始有一个引子，d 小调，在弱奏的力度下，好像模仿吉他那独特而细腻的音色，缓缓而来，匀称且连续不断，这个前奏把我们引入一种恬静温馨的情绪中，美妙而动人。紧接着，在歌曲第一段的前两句，舒伯特仍然用了比较幽暗、浪漫的小调旋律，深刻地表现了诗情，小伙子开始向姑娘表白情意，渲染出歌词中抒情、宁静的气氛。当进行到最后两句时，小伙子抑制不住内心的情感，感情不断上升，与之对应的旋律也相应改变。在调性上转至大调，音乐色彩为之一变，旋律上升，在明亮的 D 大调上进入全曲的高潮，充满激情，充分表现了小伙子对姑娘真挚的感情。

《化身》是《天鹅之歌》中情感最为沉重、情绪最为阴冷的歌曲。歌词选自海涅《还乡集》，是浪漫时期典型的关于爱情和死亡的探讨：

夜色寂静，街上没有行人，
在这屋里曾经住过我的爱人；
她离开城市已经很多时光，
屋子在老地方依然兀立无恙。
这儿也有一人站着凝视天空，
他绞着双手，心中无限悲痛；
我看到他的面貌，心中恐怖——
那是月儿照着我自己的愁容。

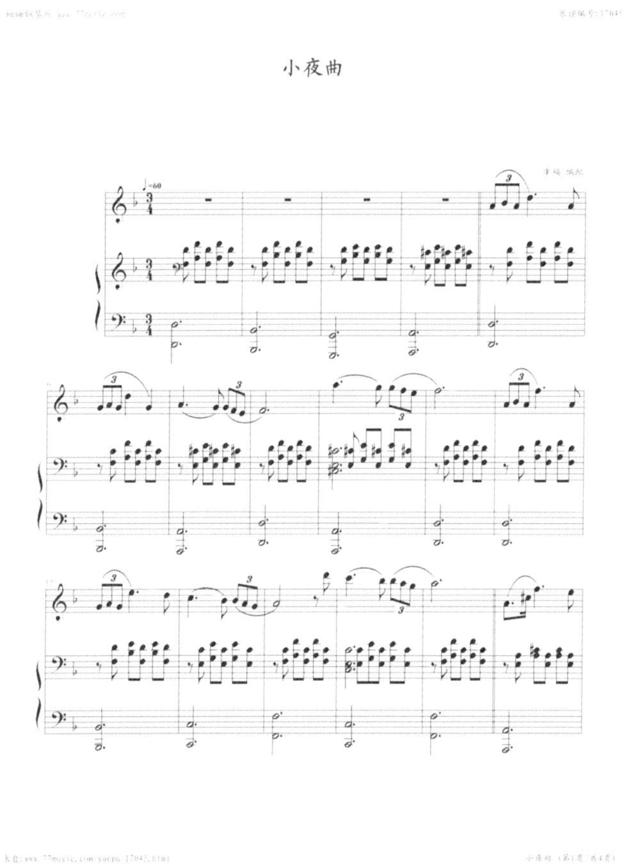

舒伯特《小夜曲》乐谱部分

我的化身，你憔悴的朋友！
你为何仿效我失恋的模样，
仿效我在过去许多的夜晚，
在这地方自卑自叹的模样？

舒伯特在为这首诗歌谱曲时，并没有简单地重复歌词的含义，而是对歌词做出积极地回应和诠释，使诗歌焕发出新的意义和生命力。钢琴声部脱离了简单的伴奏功能，成为歌曲整体表现不可剥离的重要部分。全曲分为两个部分，第一部分：1—24小节，描写寂静的街道和爱人曾经住过的小屋，音乐平稳和缓。1—4 小节的引子在 b 小调上进入，在调性的选择上似乎暗示了歌曲的整体情绪及意境。每小节一个和声的设计使得整体十分简约。正是这样简单的四个和声，却不可思议地完成了整首乐曲的建构。第一句歌词“夜色寂静，街上没有行人”主要在 $F^{\#}$ 上重复，类似于宣叙风格，语调平缓淡漠，伴奏声部完全重复引子的和声。9—12小节“在这屋里曾经住过我的爱人”，在表现“我的爱人”时，音乐出现了连续的二度下行：A－G－$F^{\#}$，钢琴伴奏在 13—14 小节重复这一音型，给予人声旋律以支持和强调，既增加了旋律的感染力，又带来一种呼应的效果。

第二部分：25—63 小节，描写失恋的痛苦和化身的形象，音乐在情绪、力度以及和声的张力等方面都有了很大的突破。乐曲的第二部分气氛逐渐紧张起来，音量加大、力度加强、音域攀高："这儿也有一人站着凝视天空，他绞着双手，心中无限悲痛；我看到他的面貌，心中恐怖——那是月儿照着我自己的愁容。"在表现"悲痛"一词时，力度到了 fff，音域上升到小字二组的 $F^{\#}$。这也是仅次于全曲最高音（G）的第二高音，但很快又以八度大跳下行，强化了流浪者失恋的锥心之痛，音乐的情绪趋于高涨，张力不断扩大，为最后的爆发做了准备。紧张的情绪持续进行，直到第 41—42 小节，流浪者惊觉那个身影原来是"我自己的愁容"时，音乐到达全曲的高潮，出现了人声旋律的最高音（G）。在 25—42 小节，用了两次 p－fff 的渐强，不协和的 B－$A^{\#}$和 G－$F^{\#}$的半音下行多次出现，十分传神地描绘出流浪者的惊慌和恐惧，潜藏在心底的痛楚被唤醒，化身的形象暗示他仍然无法摆脱情感的困扰。钢琴声部的长音持续，使音乐在这寂静的夜晚显得更为悲凉。

钢琴伴奏两次完全重复了引子部分的和声进行，并对其做了细微的改动。A 和 $A^{\#}$的转换，以及在关键部位对三音的省略，产生了大小调性的模糊和游离。作曲家似乎想通过这种手法强调和突出化身的形象，音乐的色彩也更为丰满。第43—46小节："我的化身，你憔悴的朋友！"人声旋律又一次重复 $F^{\#}$，在表现"化身"一词时，伴奏声部出现了 $F^{\#}$ – C 的极不协和的减五度音程，使音乐的张力丝毫没能减弱。47小节的调性转向了 $d^{\#}$ 小调，这是舒伯特常用的三度转调。尾奏重复引子的和声，但第59小节的重属和弦使得音乐与引子的效果完全不同。颇为费解的是最后两小节结束在B大调主和弦上，抑或是作曲家想给忧伤的全曲带来些许的希望。

在这首看似简单的旋律和伴奏中，舒伯特运用和声的细微变化、主题动机的悄然变形以及音乐与歌词的完美贴合，营造出悲凉、诡异的气氛，用音乐描绘了一幅幅形象感人的画面，将歌词的意境和情绪用未加任何矫饰的戏剧化的朗诵音调加以表现，使音乐听起来极为简洁，却给听者留下悠长的回味和缠绕不去的情愫。

正如舒曼所说的那样，"舒伯特能够把最微妙的情感和思想，甚至把社会事件和生活情况用声音表达出来。人的理想和志趣有多么纷纭万状，舒伯特的音乐也就有多么错综复杂"，从《天鹅之歌》中，我们可以分明地感受到舒伯特的音乐天才是如何表现最微妙的情感和思想，是如何震撼我们的身心的。

舒伯特作品手稿

最后的日子

1828 年夏天以来，舒伯特的健康状况进一步恶化，动不动就头晕、发热——这是深度梅毒的症状。这时给他看病的是著名的宫廷医生瑞纳，他建议舒伯特到郊外空气新鲜的地方去住一段时间。9 月初，舒伯特从索伯家搬出来，住到他的哥哥斐迪南在偏远郊区的新居。尽管如此，舒伯特仍在艺术创作之魔的驱使下疯狂地工作着，许多新的乐思和旋律如不枯的清泉从他那充满美的灵魂中奔涌而出。经过一段时间的修养，舒伯特的健康状况似乎好转。于是，10 月初，舒伯特和斐迪南以及另外两位朋友徒步旅行到下瓦尔特斯多夫，又从那里走到艾森斯塔德。在那里，舒伯特特意去拜谒了海顿的墓地。

对一位病入膏肓的病人来说，三天的旅行是压倒骆驼的最后一根稻草，超过他身体能够支撑的限度，加快了死神的脚步。回到维也纳之后，舒伯特的病情骤然严重起来。有一天，他和哥哥到一个名叫“红十字架”的酒馆吃饭，他吃了一口鱼，立刻感觉反胃，十分恶心。从此之后，筋疲力尽的舒伯特几乎不吃除了药物之外的任何东西。不过，刚一开始情况还不是很糟糕，他还可以到外面去散步。11月3日，舒伯特徒步来到教区教堂，去听斐迪南写的一首安魂曲。第二天，他又同约瑟夫·兰茨以学生身份去西蒙·塞希特那里听了赋格曲创作课，打算把这些课同一篇论文写作结合起来。这时，施特温从布达佩斯写信给舒伯特，要他尽快去举办一场音乐会。如果是在以往，舒伯特早已兴奋得不行，可现在他连回信都感到十分吃力——舒伯特的病越来越严重，死神正在向他招手。

11月11日，舒伯特已经十分虚弱，只能待在床上。第二天，他给索伯写了一封信，这也是他一生中最后一封信。他在信中这样写道：

亲爱的索伯：

我病了。我已经连续11天什么都不吃，什么都不喝了。连从床上挪到椅子上，再从椅子上挪回床上我都摇摇晃晃，十分困难。现在瑞纳为我治病，不管我吃什么，我都会马上吐出来。在这垂死的境况中，只

舒伯特肖像，该肖像悬挂于舒伯特纪念馆主房间正中

能请你来帮帮我。你若能带来几本书，我将不胜感激。我一直在读库柏的《最后一个莫希干人》、《间谍》和《隐士》。如果你还有他的其他书籍，请你给我留在咖啡馆的冯·伯格纳太太处，我哥哥很认真，他会记着给我取回来的……其他的书也行。

你的朋友

舒伯特

收到舒伯特的来信，索伯第一时间委托别人把书送了过来，但他自己却没有来看望舒伯特。施鲍恩倒是来了，同时带了一些乐谱让他修改。舒伯特躺在床上，立即修改了施鲍恩的乐谱，然后开始闲聊。这时的舒伯特对自己的病情还是很有信心的，他高兴地对施鲍恩说："我真的一点儿没事，我只是感觉太累太累，好像要把床板躺穿一样。"看到舒伯特的状况，施鲍恩放心地离开了。事实上，舒伯特的朋友们已经习惯舒伯特生病了，他们以为这次和往常一样，只是一般的疾病，因而没有太往心里去。然而，当他们意识到舒伯特已经不行时，一切都太晚了。

患病之后，舒伯特一有时间就校正即将出版的《冬之旅》第二部分，也许是这最后的心愿支撑着他。完成校对工作之后，舒伯特已经陷入一种完全虚脱的状态。从 11 月

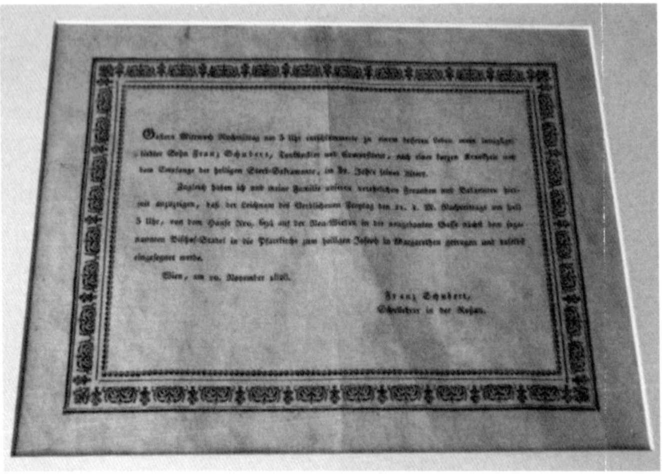

舒伯特的死亡证明

14日起，舒伯特再也没有起过床，他经常神志不清，不停地说胡话。这时，给舒伯特看病的医生也生病了，斐迪南又请了两位新医生给他看病。他们认为舒伯特得了严重的斑疹伤寒，这在当时没有十分有效的治疗办法。鲍恩菲尔德在他的回忆录中写道：“我最后一次去看望舒伯特是在11月17日。他平躺在床上，抱怨着极度的虚弱和头疼发烧，然而到了下午，他又恢复了意识，没有了幻觉，但我的朋友低落的情绪让我感到十分不妙……一周前，他还很有精神地谈论着那部歌剧，我要如何出色地为它配乐。当时他的大脑充满了新的和声和韵律。他安慰了我，随后就昏沉沉地晕了过去……到了晚上，病魔疯狂地吞噬着他，他再也没有恢复意识——伤寒已经发展到最严重的时刻。”

从17日起，舒伯特一直陷入昏迷之中，不断地说胡话。在呓语中，他一再试图离开病床，想象着自己是在某个陌生的地方。斐迪南尽最大的努力安慰他，让他放心。舒伯特去世两天之后，斐迪南在给父亲的信中描述了他弥留时刻的情景：

> 他死前的那个晚上，虽然只是半昏迷状态，他还是对我说：“我求你把我移到我的房间去，不要让我待在这儿，不要让我待在地底下这个角落里。难道我在地球上就不配有个位置吗？”我回答他：“亲爱的弗朗茨，放心休息吧！相信你的哥哥斐迪南，你一向是那么信赖他，他又是那么地爱着你。你就在至今你一直住着的房间里，躺在你自己的床上。”可是舒伯特说：“不，这不是真的：贝多芬没有躺在这里。”这除了是他内心最深的愿望的流露之外还可能是别的什么吗？他想葬在贝多芬身边，他极其推崇的巨人身边……

几个小时后，医生来了，用类似的话说服他。但舒伯特牢牢盯着医生，他用一只手颤抖地抓着墙，慢慢地、严肃地说："我的生命到尽头了。"1828 年 11 月 19 日下午 3 点，舒伯特与世长辞，"像河流消失在大海里一样，歌手消失在他的歌声里"。舒伯特的父亲正式向他儿子的朋友们通知了舒伯特的死讯，他在讣告中这样写道：

> 昨天，星期三下午三点，我亲爱的儿子，音乐艺术家、作曲家弗朗茨·舒伯特，在经历短期病痛之后长眠于地下，等候着来世更美好生活的唤醒。他享年 31 岁。我的家人希望把这个消息通知给亲朋好友，葬礼将于 21 日，周五下午两点半举行。从纽威登第 694 号房子出发，遗体将被运到玛嘉莱特顿的圣·约瑟夫教区教堂，并在那里安葬。墓碑上将铭刻：弗朗茨·舒伯特，罗骚学校教师，1828 年 11 月 21 日葬于维也纳。

收到讣告的朋友们陷入了深深的悲痛之中，舒伯特的死对于朋友们来说是一个极大的打击，鲍恩菲尔德在 11 月 20 日的日记中写道：

> 昨天下午舒伯特离开了我们。周一我还在和他讲

话，周二他还在即兴写曲，周三他就死了。我简直不敢相信，这一切就像是一场梦。这颗最诚实的灵魂，我最真诚的伙伴，最好的朋友离开了人世。我真希望躺在那里的是我而不是他。他带着荣耀离开了这个地球。

施温特在致索伯的一封信中，这样表达了自己的悲痛心情：

> 我为他而哭泣，犹如为自己的兄弟哭泣一样。但令我欣慰的是，他在艺术的巅峰之时离开，并已摆脱了苦恼。我对他的天性了解越多，就越感到他所遭受的困难之沉重。我们将永远记住他。世界上任何烦恼都不能阻止我们深深地感受那些随他一起消失的一切。

1828 年 11 月 21 日，舒伯特的手中握着耶稣受难的十字架，安详地躺在灵柩中。那天天空灰暗，下着寒冷的细雨，但这一切并不能阻挡亲朋好友和崇拜者排着长队，送别舒伯特最后一程。舒伯特的墓地紧邻着贝多芬，两位音乐大师终于能够朝暮相处、倾情相谈。就这样，年仅 31 岁的音乐天才永远离开了人世。

位于维也纳中央陵园的舒伯特之墓

舒伯特一生贫困，身后只留下了几件私人物品和一些破旧的音乐书籍和乐器，全部折合价值只有63盾。但是，他留给后世59卷的作品，都是不朽的艺术珍品，其中还有成捆的未出版的手稿，而这些手稿在几十年后才逐渐被挖掘出来。然而当时，他看病和葬礼的费用几乎都无法支付，墓碑的费用是在他的朋友中间募捐才凑齐的，格里尔帕泽为舒伯特写了墓志铭，至今仍刻在他的墓碑上：

音乐艺术家在这里不仅埋葬了一笔丰富的宝藏，而且埋葬了更大的希望。

确实如此，舒伯特的天才本来还可以攀登更高的艺术高峰，他本来还可以赋予人类更多的音乐宝藏！我们要诅咒可恶的命运的残酷打击，消灭了青春之花还在盛开的莫扎特，让贝多芬饱受耳聋之苦，又早早结束了维也纳最伟大的天才的生命。然而，我们或许可以从以下想法中获得安慰：

这仅仅是大师的外在躯体在坟墓中化为尘土，但他的天才精神却已从世俗的忧虑痛苦中毫无束缚地升华，通过他那些永不毁灭、神圣如天堂般的优美作品而在今日的世上保存。

附录：舒伯特年谱

1797 年 1 月 31 日，出生于维也纳市郊。

1808 年（11 岁），入读维也纳帝国和皇家神学院附属小学，在神学院附属教堂合唱团唱歌。

1810 年（13 岁），4 月 8 日—5 月 1 日，创作《G 大调钢琴四手联弹幻想曲》（讹名《殡葬幻想曲》）。

1811 年（14 岁），3 月，创作《夏甲的哀诉》。

1812 年（15 岁），5 月，母亲伊丽莎白·维兹因伤寒去世。舒伯特变音，转入神学院附属普通中学学习。师从萨利埃里学习作曲技巧。

1813 年（16 岁），11 月底，中途辍学离开神学院，回到父亲的家中。

1814 年（17 岁），在圣安娜师范学校就读一年，秋天回到父亲的学校担任助理教员。完成《D 大调第一交响曲》。开始与 16 岁的邻家姑娘特丽莎相恋。10 月 16 日至 10 月 19 日创作《纺车旁的甘泪卿》。年底开始创作《降 B 大调第二交响曲》。

1815 年（18 岁），创作歌曲《靠近我爱》，歌德原诗。

3 月，完成《第二交响曲》。5 月 24 日到 7 月 19 日，完成《第三交响曲》。结识诗人麦亚霍佛，他一生为麦亚霍佛的诗谱了 47 首歌。创作《魔王》，该年创作作品现存达 200 余部。

1816 年（19 岁），年初申请莱巴赫地区音乐教职，未果。施鲍恩把他的作品寄给歌德，未获回信。与索伯相识，成为一生的好友。9 月，完成《第四交响曲》，并作短途旅行。10 月，完成《第五交响曲》。11 月，踏出父亲的家门，开始职业音乐家的生活。

1817 年（20 岁），3 月，创作歌曲《欢乐颂》。创作歌曲《鳟鱼》。8 月前一直寄居在好友索伯家里。

1818 年（21 岁），2 月，完成《第六交响曲》。7 月，赴匈牙利彻利兹城堡，在埃斯特哈齐伯爵家担任家庭教师。11 月，返回维也纳。

1819 年（22 岁），和麦亚霍佛同住至 1821 年。夏天应弗格的邀请，到奥地利北部施泰尔度假。创作《A 大调鳟鱼五重奏》。

1820 年（23 岁），因朋友塞恩参加革命党活动被牵连，受到警察局的传讯。6 月 14 日，歌剧《孪生兄弟》首演。8 月，歌剧《魔琴》首演。11 月 21 日，特丽莎出嫁。

12 月，创作《c 小调弦乐四重奏》，在室内乐创作上取得突破性进展。

1821 年（24 岁），《魔王》等 12 部作品出版，直到他去世共有 100 部作品出版。7 月，和索伯来到离维也纳 20 英里的阿岑布鲁格度假。8 月，返回维也纳。

1822 年（25 岁），夏末，染上梅毒。9 月，完成三年前开始创作的《降 A 大调庄穆弥撒曲》。10 月，创作《未完成交响曲》。

1823 年（26 岁），夏季，完成声乐套曲《美丽的磨坊女》。11 月，创作《流浪者幻想曲》。

1824 年（27 岁），年初开始创作《d 小调弦乐四重奏》。5 月 7 日，维也纳举行贝多芬音乐会。5 月下旬，第二次前往彻利兹城堡担任家庭教师，爱上 19 岁的卡洛琳。10 月，返回维也纳。

1825 年（28 岁），夏季，随弗格在施泰尔、林茨、格蒙登等地漫游。创作《圣母颂》。

1826 年（29 岁），申请宫廷小教堂音乐指挥，未果。6 月，完成《G 大调弦乐四重奏》。

1827 年（30 岁），3 月 26 日，贝多芬去世。5 月至 6 月，在多恩巴赫度假，创作《春之歌》和歌剧《格莱登伯爵》，作《小夜曲》。9 月，到格拉兹旅行。10 月，完成声乐套曲《冬之旅》。11 月，完成《降 E 大调三重奏》。冬天，病情加重。

1828 年（31 岁），3 月，创作《C 大调交响曲》。3 月 26 日，举办第一次也是唯一一次作品音乐会。7 月，完成《第六部弥撒曲》。9 月，完成《C 大调弦乐五重奏》。10 月，徒步旅行至下瓦尔特斯多夫和艾森斯塔德，拜谒海顿的墓。11 月 19 日去世，被安葬在魏林格墓地，与贝多芬为邻。